お神籤

JAPANISCHE GLÜCKSZETTEL

Bilder von Ingeborg Lüscher
Texte von Adolf Muschg und Ōba Minako

Insel Verlag

Der Beitrag von Ōba Minako
wurde aus dem Japanischen übersetzt von
Ursula Gräfe und Kimiko Nakayama-Ziegler.

Erste Auflage 1996

Druck: MZ-Verlagsdruckerei, Memmingen
Printed in Germany

Inhalt

Adolf Muschg
Japanische Glückszettel
Die Kunst des Wunschzettels
7

Bilder von Ingeborg Lüscher
17

Ōba Minako
Omikuji – japanisches Orakel
81

Ingeborg Lüscher
Japanische Glückszettel und
der Beistand der Gottheiten
87

Adolf Muschg

Japanische Glückszettel
Die Kunst des Wunschzettels

1 Omikuji: dieses Buch ist eine Erinnerung daran, wie wenig der Mensch zum Leben braucht. Ein paar große unerfüllbare Wünsche, sonst nichts.

2 Die Antworten der japanischen Götter auf diese Wünsche stehen auf den Papierchen, die dem Besucher des Schreins von einem in glänzendem Weiß gekleideten Priester über den Ladentisch gereicht werden. Ein Wunsch à 200 Yen. Zuvor bekommt der Kunde eine Dose oder Trommel voller Bambusstäbe in die Hand, die er zu schütteln hat: sein symbolisches Zutun zum eigenen Schicksal, unentbehrlich bei jeder Wahrsagerei. Schließlich rutscht ihm sein Los durch das dafür vorgesehene Loch in der Trommel entgegen, und am Ende des Stäbchens gibt es eine Zahl zu lesen. Sie entscheidet über das zutreffende Papierstreifchen, Omikuji, das hochzuverehrende Glück der Götter.
Eigentlich kann man eher Bescheid wissen. Denn nicht nur ist die kleine, massenhaft vorgefertigte Drucksache frei von jeder persönlichen Botschaft: schon diejenige der Zahlen selbst ist für jedes Kind in Japan sprechend genug. Die 4 (shi) klingt wie Tod (shi), die 9 (ku) wie Leiden (ku); sie können zum vornherein nichts Gutes zu bedeuten haben. Auch die Glücksbringer 1, 5 und 13 bringen ihre menschenfreundliche Besetzung schon mit.
Im chinesisch-japanischen Kulturraum hat die Feinabstimmung von Zeit und Ort die elaborate Finesse eines Uhrwerks. Maß und Zahl geben dem Menschen die Richtung vor, erlauben die Orientierung, machen die Musik des Universums, das durch eine unbedachte Bewegung, ein achtlos errichtetes Gebäude verstimmt werden kann. Die Teilnehmer des Weltkunstwerks müssen wissen, was sie tun, wenn sie darin ein Gewicht verschieben. Wo so viel Harmonie sein muß, kann alles Störung werden.
Im Grunde kann der Ratsuchende schon wissen, was ihm das gezogene Los, in Worte übersetzt, zu sagen hat: nur das Allgemeinste. Grob gesprochen, hat das Omikuji zweierlei zu melden: Glück oder Unglück. Ein bipolares System, dessen Skala immerhin einige Grade oder Stufen kennt, als da sind: Großes Glück, Glück, halbes Glück; Glück mit Vorbehalt (roh übersetzt: »Glück am Ende«); dann Unglück – schließlich: Großes Unglück? Das denn doch nicht – »Unglück« ist schon mehr als genug ...
Die Skala des Schreins ist verschoben, etwas frisiert. Von den Losnummern 1 bis 16 verspricht die Hälfte »Glück« und fast ein Drittel immer noch »halbes« oder »annäherndes« Glück; nur 4 und 9 stehen auf Verlust, aber auch dieser läßt – man wird sehen – eine Hintertür offen. –

3 Könnte der Schrein da nicht ebensogut nur Glückstreffer anbieten?
Wer so fragt, kennt das Leben nicht (dafür würde es ihn bestrafen). Ohne Licht und Schatten würde ja keine Errungenschaft daraus. Durchzogen muß es sein, das ist eine Binsenwahrheit. Wenn man sie sich gemildert wünscht, zu eigenen Gunsten gebogen, so bitte, nur in diesem besonderen Fall, für den man den Gott bemüht. Ein Handel soll glücken, die Reise, die man vorhat, keinen Schaden bringen. Der oder die Geliebte wiederkommen, das Kind gesund werden. Das Examen gelingen, in das die Familie so viel investiert hat: die Mutter fast den Sinn ihres Lebens. Dafür geht man zum Gott: für den besonderen Fall. Er ist ja, (sagt Goethe) »das Allgemeine« und spricht durch die für alle Menschen günstige Sieben (oder Zehn, oder Dreizehn); um die Feinausführung kümmert sich die Phantasie des Kunden dann schon selbst. Selbst was der Mensch schon wissen kann – *ganz* weiß er es ja doch nicht. Er will es auch noch gedruckt lesen, schwarz auf weiß, so ist der Mensch. Für ein Wunder hat die Hoffnung immer noch Raum. Ange-

nommen, du willst heiraten, und das Orakel verheißt dir dafür das *Große* Glück – ist das keine Überraschung? Hättest du dir ganz allein so viel herausgenommen?
Und wenn nicht?
Dann schüttelst du die Dose eben noch einmal, wenn nötig auch öfter: einmal muß es ja doch kommen, das Große Glück. Dafür sorgt schon die Statistik. Aber das Herz sagt: dafür sorgt der Gott, den du erfolgreich geschüttelt hast. Er ist weich geworden, hat mit sich reden lassen. Das kostet dann etwas mehr, aber das darf es. Denn so ist das im Leben: Glück kommt nicht immer von selbst, manchmal muß man ihm auf den Sprung helfen.
Das wissen auch die Beamten des Gottes; ohne ein wenig Unglück im Vorrat machen sie sich unglaubwürdig. Unsicher besucht man den Schrein, getröstet will man ihn verlassen, und das geschieht auf jeden Fall. Manchmal dauert das Wunder nur etwas länger.

4 Natürlich: am Ende wird die Reise sein, wie sie gewesen sein wird. Auch am Glück oder Unglück einer Ehe ist so viel nicht zu rütteln. Der Tod kommt ganz bestimmt, aber noch lange nicht. Bis das Unvermeidliche eintritt, kann etwas Zuversicht nicht schaden, brauchen wir hie und da ein gutes Gefühl. Das weiß man im Schrein, und hoffentlich weiß es der Himmel auch.
Und hat man es nun, sein Omikuji, wohin damit? Die guten ins Töpfchen. In den Geldbeutel, zum Beispiel: Glück und Geld, das geht gut zusammen. Oder in die Herztasche. Es will aufgehoben sein, das Zettelchen Glück.
Die schlechten ins Kröpfchen? Das hätte noch gefehlt. Daran könnte man sich verschlucken oder einen dicken Hals kriegen. Unglück hält man sich doch vom Leibe. Also: gleich wegwerfen? Um Himmels willen! Weiß man denn, was Unglück anrichtet, wenn man es nicht im Auge behält? Sieht man ihm aber grade ins Gesicht, so geht es erst recht ins Auge, und du wirst blind.
Nicht wegwerfen, nicht behalten: was tut man mit seinem Unglück?
Es will natürlich erst recht aufgehoben sein, und am besten aufgehoben ist es da, wo es herkommt: im Haus des Gottes. Ihm opfert man sein Unglück, er muß damit umzugehen wissen, wofür ist er ein Gott des Glücks. Refüsieren kann man sein Papier ja nicht, aber ergebenst zurückschenken. Man schlägt's nicht in den Wind, man läßt es nur darin wehen. Man knüpft es an einen Baum im Schrein, eine Hecke, einen Zaunpfahl, eine halbwegs geeignete Stelle im heiligen Bezirk. Hier ist es am Platz, in der Welt, und doch nicht ganz in der Welt. Der Schrein ist ein Ort für sich. Hauptsache: da rührt es einen nicht mehr an.
Die Fliege, die nicht geklappt werden wolle, setze sich am besten auf die Fliegenklappe selbst, meinte Lichtenberg.

5 So besetzen sich die Bäume mit dem abgewehrten Unglück der Leute. Übrigens auch mit ihrem Glück. Nähme sich jemand die Mühe, die zahllosen Zettel wieder loszuknüpfen, zu glätten und zu ordnen: wahrscheinlich käme wieder das gleiche Glück-Unglück-Verhältnis heraus wie im Gestell hinter dem Ladentisch, wo die Lose noch druckfrisch und nicht eröffnet waren. Viele haben auch ihr Glück an den Baum gehängt, oder ihr halbes Glück. Weiß man etwa nicht, wie bald aus jedem Glück ein Unglück werden kann? Fast ebenso leicht oder noch leichter als umgekehrt.
Aber: wie lange würden sich die Wünsche am Baum noch lesen lassen? Papier ist zwar langlebiger, als man glaubt, und die Orakelstreifen werden längst für ihren wahren Gebrauch hergestellt: am Baum noch etwas zu dauern. Japan ist ein Papierland. Und doch, lange halten die Omikuji in

Wind und Wetter nicht vor, nicht einmal so lange wie der Mensch. Ist nicht schon das ein Trost? Wünsche, vom selben Stoff wie der Wünschende, brauchen ihn nicht zu überdauern.

Omikuji: ein Nullsummenspiel?

Ja, wenn man auch das Leben so nennen will, die Freude, das Leid, die Zeit. Am Ende läuft es auf eins hinaus. Aber diese Eins ist nur für Zyniker eine Null. Oder für den Kapuzinerprediger: drüben die Ewigkeit, also hüben alles eitel und weniger als nichts: ein getünchtes Grab, eine verschwiegene Fäulnis, die eines nahen Jüngsten Tages an die Sonne kommt, und dann wehe uns!

Aber wir sind in Japan, da muß kein Mensch abgebaut werden, um einen Gott aufzubauen. Es gibt keine Geilheit auf Verwesung, Dekomposition. In Japan darf das Flüchtige bestehen: was denn sonst hätte ein wenig Bestand? Shintō (»der Weg der Götter«) ist auch keine westliche Religion. Es ist eine Lebensart, ein Weg der Reinigung. Hier begegnet man der Farbe Weiß, im Ornat der Priester, in den Wunschblüten am grünen Baum. Überall muß es mit Wasser zugehn; es fließt, es spült weg; es erfrischt, macht alles neu. Um rein zu sein, darf es nicht stocken, nicht bleiben. Die größten Heiligtümer des Shintō – in Ise – haben selbst keinen festen Ort; alle vierzig Jahre werden die Schreine abgetragen und neu aufgerichtet, an einer frischen Stelle, die reinlich vorgezeichnet ist: der leere Platz atmet denselben Geist wie das gebaute Haus.

Reinheit, ein Provisorium, von Gelassenheit erhellt. Dem Hausputz in Japan fehlt das Definitive ebenso wie (für westliche Begriffe) dem Gottesdienst. Der Flederwisch weht den Staub von der Oberfläche, die wieder glänzt; er setzt sich anderswo. Kaltes Wasser überläuft das gebrauchte Geschirr; kein Abwasch für Zivilisationen, die sich fetter nähren. Psychologen sagen, daß man in Japan Konflikte unter den Teppich kehre. Ganz recht; nur fehlen die Teppiche dafür.

Omikuji: wir hängen unsere Wünsche, noch frisch und fast weiß, zum Lüften in den Wind; da werden sie blasser, oder grauer, und wir dürfen sie vergessen.

6 Wieviel muß die Künstlerin aus dem Westen von den Wünschen der Japaner wissen, um sie zu zeigen?

Die Kunst sehe nicht, sagte Paul Klee; sie mache sichtbar.

Ingeborg Lüschers Bilder machen Papier in Baumästen sichtbar; Knäuel, Ballen, Cluster von Papier. Wären es Früchte, müßte man sagen: die Äste hängen zum Brechen voll. Aber das künstliche Blattwerk ist leicht. Er hängt die Bäume voll, der geknüpfte Schnee, sommers wie winters; oder sind es große Motten, welche die Äste kahl fressen? (Wünsche haben etwas Zehrendes.) Manchmal kommen die Knoten vereinzelt, schmiegen sich unters Laub, das sie schweigend überwächst. Weiße Flecken im Gedränge des Sichtbaren, die Durchblick vortäuschen. Oder sind es Ausformungen des weißen Rauschens, das nicht hinter den Dingen ist, sondern in ihnen? Zugleich haben die Leerstellen ihre eigene rührende Plastik, Objekte, die schon fast keine mehr sind: doch im Objektiv zeigen sie sich.

Sie machen sichtbar, daß sie Abfall sind; am Boden liegengeblieben, wäre er störend, unreinlich. Aber in Äste gehängt oder an unwahrscheinlicher Stelle plaziert, gewinnt er etwas Irreales, auch Absurdes: wer wendet so viel erkennbare Mühe an diese Reste von Papier? (In Japan gibt es Schreine für verlorene Schirme, entkommene Nadeln.) Mir kommen Ingeborg Lüschers »Verstummelungen« in den Sinn, Assemblagen von Zigarettenkippen, die sich, wie Bienen, hinter Glas drängen, aus der Vitrine stürzen: »verrauchte Zeit«. Es gehört zu ihrer Arbeit, abfälliges, überfälliges Material eine neue Sprache zu lehren: nein,

Verstummtes sprechen zu lassen, die Augen daran zu erinnern.
Hier macht sie das Chaos der Wunschzettel sichtbar, die sich befestigen, wo sie können; der Knoten in jedem macht sie zu Gegenständen der Kunst; zugleich simulieren sie in ihrer Masse etwas wie Natur: Haar, das ein unbekanntes Geschöpf beim Streifen durch Dickicht lassen mußte; Gewölle mit Spuren von Geometrie; eine Niederlassung erfrorener Zugvögel. Es ist nichts Hübsches, nichts Putziges daran, nichts von Origami oder Angebinde; grausame Reste, oder Reste von Grausamkeit, Beute, die ein Neuntöter auf Dornen gesteckt hat, ausgedörrte Innereien; Material, von einem Geschöpf in seiner Qual abgesondert oder hochgewürgt.
Kunst macht sichtbar: Wünsche sind nicht harmlos. Erinnerungen, die sich nicht mehr zurechtzupfen lassen. Da hängt unsere Verwandtschaft, klein geschnittene Seelen, die allmählich an Form verlieren, verschwindende Schnittmuster unserer selbst. Sie ex-istieren. Das heißt: sie stehen heraus, stechen heraus, ins Leere, die vom selben Stoff ist wie sie.

7 Sie lassen sich friedfertiger, »japanischer« sehen, diese Bilder der Wünsche. Papierseelen drängen sich zusammen auf ihrem Erlösungsweg in die Natur – die nicht durch die Schule Rousseaus gegangen, also kein hoch besetztes Abstraktum ist, keine Große Mutter der Verlorenen Zivilisationskinder, sondern das Eine, Verwandtschaftlich-Vergängliche in Allem, es sei gewachsen oder geschaffen: es ist immer das Nächste, das uns anrührt. Das Nächste für die Omikuji-Blättchen ist der Wind, der sie streift, und der Baum, an dem sie hängen. Länger da als sie, erfahrener, nimmt er sich der flüchtigeren, noch von Unruhe beseelten Wunschgeschöpfe an, bietet ihnen den Schutz seiner Blätter, läßt sie an seinen Ästen verwehen, verrauchen. Sie kehren nicht »zurück« zur Natur; sie finden Hilfe bei *diesem* Baum. Nur als Einzelnen bewohnt ihn der Gott, *ist* er ein Gott. Davon wird der Baum nicht zum »Individuum«, so wenig die Omikuji »individuelle Wünsche« bedienen; ebensowenig ist er Träger einer Idee. Er trägt die papierenen Wünsche, die ihm Männer und Frauen, der Welt des Wünschens verhaftet, anvertraut haben; er trägt daran leichter als sie, dafür verehren sie ihn und hoffen ihn ein wenig zu verpflichten, ihren Wunschbaum, der wie kein anderer ist, nur wie er selbst. Ein Hauch von »Wie«, von Gleichnis umschwebt ihn ja doch, ganz faustdick steht das Konkrete nicht in dieser schwebenden Welt. Aber nichts darin verflüchtigt sich zur Metapher, nichts könnte ihr fremder sein als die Allegorie ... das Sein ist unfest genug, darum braucht der Schein nicht zu trügen. Geduldig genug betrachtet – oder im Flash der Erleuchtung – fällt der Gegenstand des Auges mit dem Auge selbst in einem Nu zusammen, und es sieht seine wahre Form identisch mit der flüchtigsten ... an dieser Form ist dann alles Zufall, und nichts mehr. Die Spur dieses Ereignisses zeichnet sich im Pinselstrich des Meisters, der jede Form annehmen kann, Sperling, Bambusblatt oder Schriftzeichen; in jeder ist Gott. Darum gibt es in der wahren Kunst nichts Großes und nichts Geringes. Kunst ist das Konkrete in seiner leisesten Potenz, die Einzelheit im Zustand der Gnade, für den es in der Lehre Buddhas viele Namen gibt, und nur Eine Erfahrung: Tathagatha, As-it-is-ness. Die Hoffnung auf diese Gnade hält die Wunschzettel am Baum fest, bis sie loslassen dürfen, auch sie.

8 Durch die Künste des Westens – auch die besten, gerade die besten – geht ein Riß, von dem sie sich nicht trennen können, so tief sie ihn beklagen; er ist der Abgrund, der sie zerschmettert, und die Quelle ihrer Wiedergeburt.

Er entfremdet uns die Dinge zu Objekten; er vereinsamt uns zu Subjekten; er zwingt uns, das Objekt unserer tiefsten Wünsche als umfassendes Subjekt zu denken. Und dann erschrecken wir, daß es uns nicht umfassen will, das vollendete Geschöpf unserer eigenen Spaltung.

Nein, ich bin kein Freund »fernöstlicher Mystik«. Fast so wenig wie fernwestlicher. Auch dieses Wort ist ein Riß, der sofort verschlingt, was damit gemeint war. Die gefräßige Lücke »Bedeutung«. Wieviel muß erst »bedeutend« werden, damit wir etwas zu sehen glauben! »Fernöstliche Mystik« – dieser Klingklang zeigt nur an, daß wir mit offenen Augen nichts sehen.

Zwei deutsche Gedichte; das ältere stammt von Johannes Scheffler, alias Angelus Silesius, einem Barockdichter, dessen geistvolle Epigramme (»Der cherubinische Wandersmann«, 1674) auch »mystisch« genannt werden.

»Mensch werde wesentlich:«

(Wenn das ein wünschenswertes Ziel sein soll: kann man sich davon weiter entfernt aufpflanzen als mit diesem kategorischen Imperativ?)

»denn wann die Welt vergeht/«

(Wann und wo täte sie das nicht? Nur unsere Sprache des Entwurfs verlegt das Vergehen ins Futurum: anders wäre kein Prüfungsfieber dafür aufzubauen. Denn diese Sprache hat es auf unsere Prüfung abgesehen. Sie hat einen Zweck und will ihn nicht verfehlen.)

»So fällt der Zufall weg / das Wesen das besteht.«

(Da haben wir sie ja wieder, unsere liebe Spaltung. Und die Mystik, die sie zu überwinden gedachte, ist ihr vollendetes Produkt: nicht das aufgehobene Objekt unserer Wünsche, sondern das unerreichbar gemachte. Die Früchte des Tantalus, nicht der Apfel auf dem Tisch.)

Mir scheint, nur wer die Seite der Dinge nimmt (»Le parti pris des choses«), wer sie sichtbar machen kann als *diese*: wem ihre stumme Sprache die Sprache der Interpretation (am meisten der »bedeutenden«) verschlägt: dem verschließen sie gewaltlos den Riß, der, in seiner Seele beginnend, durch seine Welt ging. Und das Licht des Paradieses, das er, ausnahmsweise und in Augenblicken der Gnade, glaubte durch den Riß brechen zu sehen (es blendete ihn, er schloß die Augen, das nannte er mystisch), leuchtet jetzt aus dem Innern der Dinge selbst und sättigt ihre Form. Sie bleibt stumm, und in diesem Schweigen der Dinge werden wir ihnen verwandt.

Kunst macht sichtbar.

Ich lese den »fränkischen Kirschgarten im Januar«, ein Gedicht des jungen H. M. Enzensberger:

»...
und doch ist da
eh die seite der ort, die minute
ganz weiß wird
noch dies getümmel geringer farben
im kaum mehr deutlichen deutlich
eine streitschar erbitterter tüpfel:
zink-, blei-, kreideweiß, gips, milch, schlohweiß und
schimmel:
jedes von jedem distinkt:
so vielstimmig, so genau,
in hellen gesprenkelten haufen.
im todesjubel der spuren:
wieviel büschel von winzigen weißen schreien
vor der gähnenden siegerin ewigkeit!«

Fast ein mystisches Gedicht – weil es fast nur den Kirschbaum zur Sprache bringt. Nur: ganz ohne den Vorbehalt seines Witzes kann es der westliche Dichter nicht tun. Und wo er schon »alles« sichtbar gemacht hat, braucht seine Poesie noch eine Konklusion, setzt eine Schlußpointe für feine

Köpfchen: hier wirkt er auf einmal wieder etwas altfränkisch, sein »fränkischer kirschgarten«

»zwischen fast nichts und nichts
wehrt sich und blüht weiß die kirsche.«

Das japanische Haiku käme mit weniger aus. Dafür ist es nicht so bedeutend. Jeder kann es dichten. Sein Wortlaut ist fast so anonym und gleichgültig wie der des Omikuji am Baum.

9 Nach dem gelben Schwefel und dem schwarzen Pech – der Lava – macht Ingeborg Lüscher die Farbe Weiß sichtbar in diesem Buch; nimmt sie die Seite der Omikuji.

Nicht zum ersten Mal entdeckt sie Schrift an Bäumen. Ich erinnere mich an eine ältere Arbeit aus den sechziger Jahren, als sie sich mit den Tafeln des Einsiedlers Armand Schultheß in seinem Tessiner Kastanienwald zu schaffen machte. Sie waren aus Konservenbüchsen geschnitten, die er mit Fragen, Einladungen, Merksätzen aus seiner Enzyklopädie beschriftete. Damit zog er seinem Steilhang einen zweiten Boden von Bedeutung ein, entzog ihn der Zuständigkeit der eidgenössischen Landestopographie. Ingeborg Lüscher entdeckte und dokumentierte das Armand-Schultheß-Land wie Naturforscher eine Terra Inkognita: Franz-Joseph-Land, die Roß-See oder den Ptolemäus-Krater auf dem Mond (heute existiert von jenem Land nur noch ihre Dokumentation). So befestigen wir uns, wie Adam, mit unsern Namen an Dingen, die von sich aus nicht »heißen« (oder ganz anders: bei Naturvölkern kennt nur der Schamane ihren wahren Namen). Es ist eine Form der Besitzergreifung, ein Privileg; aber die Dichter haben immer gespürt, wie viel wir bei seinem Gebrauch verlieren, wie nötig es ist, ihnen immer neue Namen zu geben, und: wie wenig es auch damit getan ist.

Übrigens: ein Dichter, Max Frisch, hat Armand Schultheß' Verfahren übernommen, in seinem »Holozän«-Buch. Da sammelt ein alter Mann, Herr Geiser, die Reste seines Gedächtnisses und pinnt sie an die Wand: zum Beweis, daß er noch in der Welt (der andern), noch nicht ganz ausgestorben ist.

Namen signalisieren Herrschaft, geben Stützpunkte für unser Leben ab (oder was wir so nennen), bezeichnen unser Eigentum, begründen unser Urheberrecht. Wer sich selbst einen Namen gemacht hat, möchte ihn auf einem Stein verewigen, mindestens: einem Grabstein (mit 25 Jahren »Verweildauer«).

10 Im Vergleich zu diesen Territorien ist dasjenige, das die Omikuji markieren, anspruchsfrei, nicht-exklusiv, anonym. Die Wunsch-Zettel bedeuten nicht: Hier steh ich, ich kann nicht anders (Luther). Gib mir einen Punkt, wo ich stehen kann (Archimedes). Ôte-toi que je m'y mette (Binswanger).

An den Bäumen des Schreins steht nur geschrieben: Ich wünsche mir so ... Es wäre schön, wenn ...

Ein Irrealis, der das bißchen Realität unserer Existenz wiederholt; dem Gott ans Herz gelegt und auf den Leib geschrieben, und das heißt: an den Wind. Gott und Wind: im Shinto sind sie eins (auch wenn eine der Kombinationen als »Kamikaze« gelesen wird).

Hier weht es, das Examen, das jemand bestanden haben möchte und inzwischen vielleicht wirklich bestanden hat. Wenn nicht, hat er sich vielleicht (wie viele brave Söhne, die ihre Mütter enttäuscht haben) unter einen Zug gelegt. Oder ist vom Dachstock seiner alten Schule gesprungen: in den Wind. Dann lebt sein Wunsch hier am Baum für einmal länger als er oder sie.

Im nächsten Knoten steckt vielleicht ein chronischer oder ein gewohnheitsmäßiger, ein nicht ganz so gezielter

Wunsch. Eine kleine Versicherungspolice, die sich jemand ausgestellt hat, als er/sie den Schrein besuchte, für alle Fälle; just to be sure. Natürlich gibt es keine Sicherheit, das war ohnehin klar. Aber zur Sicherheit ... So ist der Mensch.

Ja, für einen Gott ohne Humor, einen Gottesdiener ohne Nachsicht wäre das ein Nullsummenspiel. Aber im Schrein hat man ja solche Götter darum gebeten, es möchte sie nicht geben. Man hat 200 Yen bezahlt für einen Gott, der Wünsche erfüllt. Und immer gewußt, daß so ein Gott selbst nur ein Wunsch sein kann, und niemand könnte ihn bezahlen.

Und am Ende muß man es ja doch ohne ihn tun.

11 »Wie bekomme ich einen gnädigen Gott?« Eine recht abendländische Herzensfrage. Fehlt nur die Gegenfrage: wie würde ich einen so persönlichen Gott wieder los?

Das Omikuji wünscht sich die Existenz seiner Götter etwas lockerer, biegsamer. Uns mag das kindlich vorkommen. Aber ist die subtilste theologische Spekulation weniger kindlich? Weniger aus dem Stoff unserer Wünsche gemacht?

Einmal erschreckte mich ein Zen-Meister – er hatte es nicht darauf angelegt – mit der Natürlichkeit seines Atheismus. Er hatte sich, von einem Dolmetscher, einen Satz aus Karl Barths »Dogmatik« übersetzen lassen, und darin kam, wie anders, das Wort »Gott« mehrfach vor. »Kami« – soviel Japanisch konnte ich verstehen – schien dafür die richtige Übersetzung zu sein: sie revoltierte mich. Es ist das im Shinto für Feld-, Wald- und Wiesengötter gebrauchte Wort, und mein monotheistischer Ernst hätte hier ein »ganz anderes« erwartet. Christliche Theologie als – nicht mal »höherer« – Animismus? Die Missionsprediger meiner Sonntagsschule hätten »kami« schlicht als »Götzen« bezeichnet – und jetzt sollte umgekehrt ein Schuh draus werden?

Es war ein Schock (zunächst verweigerter) Wiedererkennung, als ein Buddhist sich das Zentrum meines christlichen Glaubens unbefangen als Götzendienst verdolmetschte. Aber die Lästerung, die ich zu hören glaubte, war meine Ohrentäuschung, entsprang der Akustik westlichen Hochmuts. Für den Zen-Meister war jeder »persönlich« vorgestellte Gott durchaus nicht gleich verächtlich, sondern gleich ehrwürdig. Und gleich provisorisch. Wer Gott – oder Religion – nicht als Objekt sieht, für den gibt es auch kein letztes Ding. Er lebt recht heiter damit, daß es das nicht gibt; denn das erste beste Ding, recht betrachtet, ist ihm gut genug.

Kunst macht sichtbar: Religion läßt sehen.

Auch der kleine Wunsch im Baum lebt davon (und damit), daß auf einen Vater oder eine Mutter im Himmel kein Verlaß ist. Aber vielleicht doch ein bißchen? Wenn es einem mit dem Wünschen ernst genug ist ... zu geben braucht es den *kami* ja nicht, aber ein Herz könnte er doch für mich haben.

Darum ist ein Wunschzettel am Baum, fast nichts, doch besser als nichts. Die kleine Marge, auf die man Einfluß haben möchte; der Knoten, sorgfältig zur Masche geknüpft, wie auf einem sonntäglichen Kinderkopf. Ein Wunsch für 200 Yen? Ach, wenn es der Gott dafür nicht tut, täte er es auch nicht um alles in der Welt. Schließlich ist er dafür ein Gott, daß er etwas übrig hat, auch für mich.

Gewiß, er ist selbst nur einer unter vielen, zahllosen: denn es gibt natürlich so viele Götter wie eigene Wünsche, für jeden Wunsch einen. Für diesen einen Wunsch ruft man ihn. Danach mag es ihm wieder gefallen, zu sein, wo er will und was er will – oder auch gar nicht mehr zu sein.

12 Im Osten gibt es die Phantasie von Einem, der selbst schon vollendet ist, aber warten kann, bis auch der allerletzte unvollendete Unglücksmensch die Pforte zum Paradies durchschritten hat. Dann verbeugt er sich und verschließt sie. Danach braucht ja nichts mehr zu kommen.

Aber vorher wäre es doch schön, wenn etwas wäre. Meine Gesundheit. Dein neues Haus. Unsere Reise.

Eigentlich ist der Bodhisattva keine Figur des Shintō. Der Hüter des Erbarmens, Avalokiteshvara, gehört in die buddhistische Legende und tritt – als Kannon – auch weiblich auf.

Aber die Dinge so betrachten – nach Konfessionen geordnet, nach Geschlechtern getrennt – hieße sie zu genau betrachten. Es gibt in Japan mehr Buddhisten und Shintoisten, zusammengenommen, als Einwohner. Fürs Heiraten hat man den Shintō-Priester, fürs Sterben ist der buddhistische zuständig. Kein Tempel ohne Nische für einen kleinen Schrein. Die Wohltaten von oben (oder unten) haben so wenig exklusive Absender wie die Prüfungen.

Als der holländische Krimi-Autor Janwillem van de Wetering als junger Mann im Zen-Kloster war und »Buddhist« werden wollte, also bekennendes Mitglied in einem Verein, für den er schon allerhand Strapazen auf sich genommen hatte, fragte ihn sein älterer japanischer Mitbruder gelegentlich: »Ist die Wolke ein Mitglied des Himmels?«

Das war das Ende einer frommen Karriere, und schon fast der Anfang einer Erleuchtung.

»Shintō« ist, wenn man etwas so reinlich wie möglich tut. Ganz reinlich geht es aber nie zu, so lange wir Wünsche haben. Das sind jene Erdenreste, die in Goethes *Faust* »peinlich« heißen. Aber warum betrachten wir sie so? Alles auf Erden ist »Rest«, und nichts. Hängen wir unsere Wünsche lieber an den Baum, wo sie auslüften und vergehen; jeder ein kleiner Abfall, keiner weggeworfen. Jeder handgeknüpft, ein Knoten am Ast, der an etwas erinnern soll.

13 Übrigens beginnt jedes Omikuji-Streifchen mit einem Gedicht. Meist ist es ehrwürdigen Datums. Das folgende entfloß dem Pinsel eines Autors namens Ozawa Rōan, nach seinem Rückzug aus den gröbsten Weltgeschäften. Seine *tanka* dichtete er damals, Mitte der Edo-Zeit (im 18. Jahrhundert) im neuen Stil. Übrigens ist der zitierte Gott Susano-o ein jüngerer Bruder der Sonnengöttin Amaterasu, ein rauher Bursche, doch mit kulturstiftenden Eigenschaften; so erlegte er die Riesenschlange und stiftete den Reisbau.

»Wenn du an deinem Weg verzweifelst
Und bist in der Klemme.
Denk an Susano-o
und bemühe dich aufrichtig,
dann gibt er dir ein Zeichen.«

Dieses Gedicht steht auf dem Zettel mit der 9, die bekanntlich Unglück bringt. Aber das Gedicht erleichtert es ein wenig und macht dafür das Glück etwas schwerer. Oder umgekehrt: auch das Glück etwas leichter? Jedenfalls wiegen Glück und Unglück, dank der Zugabe des Gedichts, auf dem Zettelchen am Ende gleich viel – auch auf diesem unerfreulichen. Das spezifische Gewicht des Gedichts gleicht Glück und Unglück aus. In dieser Schwebe brauchen wir nicht mehr zu wissen, ob wir das Leben als Gedicht lesen oder das Gedicht als Leben. Es müßte auf eins hinauskommen, und doch –

Dieses »und doch« steht in einem Gedicht, das der Haiku-Poet Issa im 17. Jahrhundert als Totenklage über seinen Sohn geschrieben hat:

»Die Welt von Tau
Ist die Welt von Tau, und doch

Und dennoch –«
Auch dieses Gedicht, das der Schwere des Verlusts nichts wegnimmt, läßt sich doppelt lesen. Was fast nichts ist, ist eben doch nicht nichts.

14 Wünsche helfen nicht?
Ich schreibe an einem kleinen neugeschaffenen Teich in unserem Garten, neben der Bambushecke, die täglich ein paar dürre Blätter in das zur Probe eingelassene Wasser fallen läßt. Anfangs verminderte es sich in der Stunde um fast einen Zentimeter. Das hätte, auch bei starker Verdunstung, nicht sein dürfen. Wir suchten den Defekt, das Loch in der Folie, legten verdächtige Stellen offen, setzten Flicken, ein wenig auf gut Glück; das Wasser wurde noch immer weniger.
Heute morgen, da ich diese Betrachtung über Omikuji schreibe, nehme ich die Schönheit der dürren Bambusblätter zum erstenmal wahr, die auf der Wasseroberfläche schweben, zuerst fast so, als berührten sie sie gar nicht. Es sind nur noch Geister der grünen Geschwister, blaß wie Papier, aber noch einmal machen sie ihre Form rührend sichtbar. Natürlich sind sie auch Abfall, und ich müßte sie herausfischen, bevor sie auf den Grund sinken. Das tun sie nach einigen Tagen des Scheinlebens; sie platten sich ab, versinken, wenn sie mit Wasser vollgesogen sind, und verrotten auf dem Grund.
Aber seit ich sie gesehen habe, aufmerksam und absichtslos, verliert der Teich kein Wasser mehr. Nicht mehr als einen Millimeter in einem halben Tag, und das darf er, bei dieser Hitze.
Und da soll noch einer sagen, das Wünschen helfe nichts.
Ich brauchte kein Omikuji dazu?

Warten Sie ab und betrachten Sie dieses Buch.

浅草寺観音籤

第四 吉

累有二興雲志一（しきりにこううんのこころざしあり）

しきりに立身出世のこころざしあれども

君恩祿未レ封（くんおんろくいまだはうぜず）

いまだきみよりちぎよう等あたへるなどのことなきとなり

若逢二侯手印一（もしこうしゆのいんにあはゞ）

もしよきかきものをさしいださば、さつそくちぎようにありつくべし

好事始忩々（こうじはじめてそうそう）

いよいよ吉事かさなるべし

○ぐわんもう叶ふべし○病人おもくも本ぶくす○うせものいづれどもおそし○まち人来るべし○たびだち、道にてかんにんを守るべし○やづくり、引こし、えんだん、人を抱へる、万よし

第七番　半吉

神風の八坂の郷とけふよりは
君が千とせとはかりはじむる

八坂の神のおかげをうけて、永代榮えゆく第一歩を今日より始めるといふめでたいおさとしであります。

○歡喜ごと半なり○待人來る○公事訴訟大方かなふ○失物出べし○賣買利有○病は日を追ひてこゝろよし○方角、巽吉○家造、轉宅、緣談、奉公等よし、旅行遠方に行くはよし

浅草寺観音籤

第五 凶

家道未能昌（かどういまださかんなるあたわず）

危々保禍殃（ききとしてくわをうをたもつ）

暗雲侵月桂（あんうんげっけいをおかす）

佳人一炷香（かじんいっちうかう）

家の仕事をいかようにかせぐとも、まだはんじようせぬとなり

しようがい、わざわひつきず、たゞあやうし

月にむらくものかゝるごとく、さまたげ多し

か人のねやにて香をたき、いろいろのおもいをますが如し

○ぐわんもう叶ひがたし ○病人本ぶくしがたし ○うせもの出がたし○まち人来たらず ○やづくり、てんたく、見合べし ○よめとり、むことり、たびたちゝ人をかゝへる、万あしく諸事つゝしむべし

神の教

ねてもさめても、さめてもねても、神の御かげを忘られぬ
神様の尊とい御慈しみの御光の中に生きて居る私、食べるも、着るも、ねるも、起きるも、悉く神様の御かげである、有難い、かたじけないと感謝の気持ち一ぱいで、御役目大事と授けられた其日〱の御仕事を、一心不乱に精出そう

浅草寺観音籤

第四十一　末吉

有物不周旋（ものありしうせんせず）

須防損半邊（すべからくはんぺんをそんするをふせぐべし）

家郷煙火裡（かきやうえんくわのうち）

祈福始安然（ふくをいのってはじめてあんぜんたり）

もの多くあれども　わが手にとりがたき　かたちなり

えんなどを、すること　あるべきとのこ　となり

くわじにあふことあ　るべし、よくよくつゝ　しむべし

しんじんして身をけん　ごにもてば、末あんど　すべしとなり

○ぐわんもう叶ひがたし　○病人長引べし　○うせもの出がたし○待人おそし　○やづくり、ひきこし、よろしからず、○たびだちわるし○よめとり、むことり、人をかゝへるよろしからず

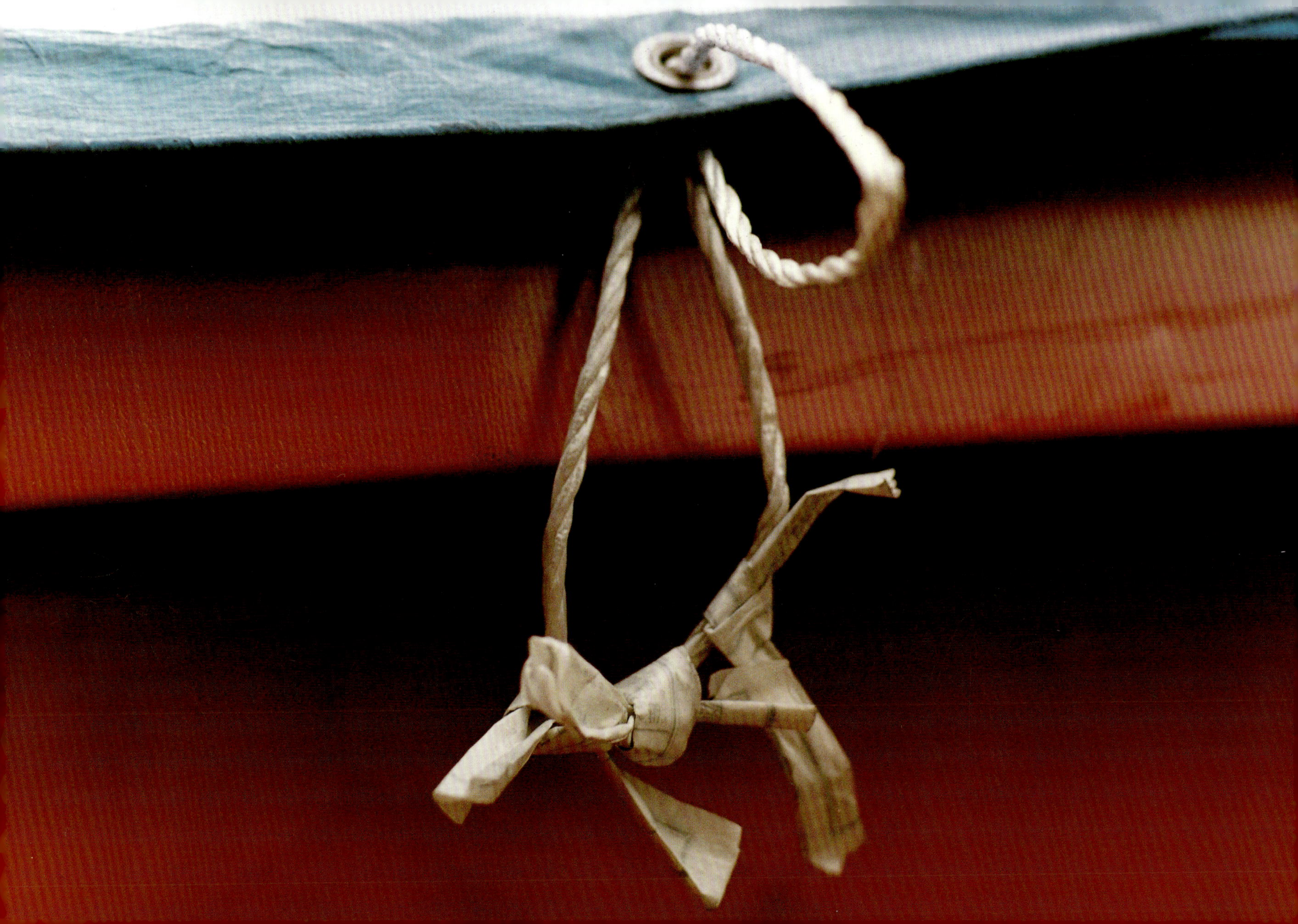

第二十七番 吉

世の中のことにむくいのありといふ
ことをおもひてあしき事すな

○悦び事あるべし○待人来るべし○訴訟利あり
○失物出べし○生死いきるべし○売買利あり
○病事こゝろよし○方角西北 ○家造り
わたまし 婚禮 旅行 これみな用ひてよし

廣田社

淺草寺觀音籤

第一大吉

七寶浮圖塔（しつぽうふとのたう）
高峯頂上安（かうほうちやうじやうにやすんず）
衆人皆仰望（しゆうじんみなけうぼうす）
莫作等閑看（なほざりにみることなかれ）

しつぽうはたからくふととはたうなり、しつぽうにてつくりたるたうのいでたるごとし

たかきみねによきたうをすえて、ゆるがずしてたちたるがごとくとなり

人々このたうを見て、さてもよきたうがなとほめてながむるなり

なほざりにはみられまじ大人ならばいよいよ大吉なり

〇ぐわんもう十分に叶ふべし〇病人本ぶくすべし〇待人來るべし〇うせもの出れどもおそし〇やづくり、てんたく、よめとり、むことり、たびだち、人を抱へる万よし〇万事つゝしむべし、ゆだんあらばわざわいあるべし

福徳
開運

西宮神社みくじ

第一番　大吉

まこともて神をうやまひまつりなば
よろづのねがひかなはざらめや

この歌は人々その身分によりていろ〳〵さま〴〵の願いありこの第一のみくじにあたる人は神を信ずればその願い事かなふべきしらせなり

○歓喜　おほかるべし
○商人　大利を得るべし
○病人　全快すべし
○うせ物　いづべし
○縁組　たがひに仕合せよし
○家つくり　移轉等すべてものを初めてよし
○方角　東南の方よし

このみくじにあたる人は立身出世の兆あり
常に神を信じて幸福をうくべし

浅草寺観音籤

第三十八　半吉

月照天書静（つきてらしててんしょしづかなり）

雲生霧彩霞（くもしやうじてきりかすみをさいす）

久想離庭客（ひさしくおもふりていのきやく）

無事巻咨嗟（ぶじにしてしさをひく）

月てらすこと一天にくまもなく、あざやかにみゆるなり

いまゝでみえたる月にきりかすみがかゝりしごとくなり

ものおもふこゝろより、また人にはなるゝことあるべし

ぶじなこと、おもへども又なげきかなしみのきたるたとへなり

○ぐわんもう叶ひがたし　○病人長引べし　○うせもの出がたし　○まち人来らず　○やづくり、ひきこし半吉　○たびだち見合べし　○よめとり、むことり、人をかゝへる見合すべし

神の教

人は神の子、兄弟同志、助けられたり、助けたり

親心の神様は人の子皆を、同じ様に可愛く思しめし、御恵み下さる分けても、弱い子、貧しい人、不幸な者を一層あわれに思し召す、思ひやり深くこれを助け、これを救ひ、これを慈むことが、此上ない神様へ奉仕の道である

浅草寺観音籤

第三十六　末吉

先損後有益（さきにそんして　のちに　えき　あり）

如月之剥蝕（つきの　はく　しよくするが　ごとし）

玉兎待重生（ぎよく　と　じゆう　せいを　まつて）

光華當満室（こう　くわ　まさに　しつに　みつべし）

はじめそんしても、のちにはかならず、りきえてよろこびあるべし

たとへば、月の少さくなるも、やがて大きくなりて、もとのまん月になりひかり出づるが如し

月に日をかさね、日に月をかさぬるやうなるべし

月のひかり家内に入てあきらかなり、人もよろこびみちみちたるべし

○ぐわんもうのちに叶ふべし　○病人長引とも本ぶくす　○うせもの出がたし　○まち人おそし　○やづくり、ひきこし見合てよし　○たびだちあしく　○えんだん、祝ごと　人をかゝへるすべてよろしからず

石上神宮おみくじ

第十九番　　小吉

運勢　池水に影はさやかに映れども
　　手に取り難き冬の夜の月

水の中にさやかに映る月は目に見えて手に取り難きと同じく、心に苦しみ多く思うに任せぬ事引続く。総て進み出でず、万事控え目に信心して時の到るを待ち、身を守るべし。

願望	思うに任せず、目に見えて出来ず。
待人	来たれども遅し。
失物	出で難し高き所。
旅行	金銭の費多し、慎め
商法	利益なく損あり。
養蚕	時候のため災難あり注意。
方向	北の方に向えば吉。
争事	勝ち難し、言うな。
抱人	思う様な人はなし。
転居	動かぬが吉。
出産	身を大切に取り扱え
病気	重し、医師を選べ。
縁談	口舌あり、心配すれども言わぬが花なり

神道訓話（一家の繁栄は神棚より来たる）

神の授けの御霊に問えば違う事なき人の道

神様に問うて見ろ。自分の頭に御宿りあそばす神様に問うて見ると逐一こうせよそうするなと御教え下さる。その御教えを守って行けば間違いなく人の道は行かれる、幸福は得られる。

浅草寺観音籤

第四十一末吉

有物不周旋（ものありしうせんせず）

もの多くあれども、わが手にとりがたきかたちなり

須防損半邊（すべからくはんぺんをそんずるをふせぐべし）

えんなどを、することあるべきとのことなり

家郷煙火裡（かきやうえんくわのうち）

くわじにあふことあるべし、よくよくつゝしむべし

祈福始安然（ふくをいのってはじめてあんぜんたり）

しんとんして身をけんごにもてば、末あんどすべしとなり

○ぐわんもう叶ひがたし ○病人長引べし ○うせもの出がたし○待人おそし○やづくり、ひきこし、よろしからず、○たびだちわるし○よめとり、むことり、人をかゝへるよろしからず

第二十

第二十六番 大吉

千早振(ちはやふる)神もかしこし神がきの
うちとのまもりゆるがせにすな

○悦び事あるべし○待人来るべし○訴訟利あり
○失物出べし○生死いきるべし○賣買大利
○病事こゝろよし○方角東南○家造り
わたまし 婚禮 旅行 これみな用ひて大吉なり

廣田社

浅草寺観音籤

第四十末小吉

中正方成道（ちうせいまさにみちをなす）

姦邪恐惹愆（かんじやおそらくけんをひく）

壺中盛妙藥（こちうめうやくをもる）

非久去煩煎（ひさしからずしてはんせんをさる）

なかごろまでよき事はわざはひなしとなり

かんじやは、あくにんのことなり、あしき方へひきこまるべしとなり

つぼのうちによきくすりをたくわへたることなり

わづらふともやがて本ぶくすべし、たとへばわざはひもさるべしとなり

○ぐわんもう直に叶ひがたし○病人長引とも本ぶくす○うせもの出べし○待人おそく来る○やづくり、ひきこしよし○たびだちよし○よめとり、むことり、人をかゝへる半吉

福徳
開運

西宮神社みくじ

第十三番　末吉

みがかずて身に光なしとおもふかな
つくらば石も玉となる世に

この歌は石瓦すら造らば玉となるものを磨くべきことをなさずしてたゞ身に光なしとなげくは愚なるわざなれば人々心をみがき身を勉めて名を挙ぐべしとなり

○喜び　いでくるべし
○商人　賣いそぐべからず
○待ち人　おそくとも来るべし
○うせ物　久しく出でず
○病人　長引くとも全快すべし醫者をえらぶべし
○方角　西北の方よし

このみくじにあたる人は日頃の望かなふべし

行末大いによし

第六十一　半吉

舊愆何日解（きうせん　いづれのひか　とけん）

戸内保嬋始（こ　だいに　せん　けんを　たもつ）

要逢十一口（ぢうい　つこうに　あわんことをようせば）

遇鼠過牛邊（ゑに　あふて　きう　へんを　すぎよ）

ふるき身のあやまちはいつとけることかと、あんじおもうていかり

家のうちにびんを得たり、是をせけんへしらせたしと思ふなり

十一口は吉の字なり　吉事にあはんことをもとめるなら

子の日うしの日をえらべ、年月時の事にもはんだんすべし

○ぐわんもう叶ひがたし　○病人長引べし　○うせものいでがたし　○まち人おそし　○やづくり、ひきこしあしく　○たびだちわろし○よめとりむことり、人をかゝへる、よろしからず

第二十四番

訓

先祖の教を守るものは、家は栄え、子孫は繁栄する。之が人道である。

運勢

本年は、百事注意を要す。盲進して凶を招くなり。心静かに家業を守られよ。損失、失費あれば、注意肝要なり。信心怠るな。

判断

願望　後叶ふ
土木　凶
結婚　よろし
病気　長引く
移転　凶

失物　出ず
売買　利あり
方位　東吉
旅行　よろし

出雲大社

淺草寺觀音籤

第四十八 小吉

見禄隔前溪

勞心休更迷

一朝逢好渡

鸞鳳入雲飛

たにをへだてゝ人のたからを見るがごとし

こころをいためくきをまよはすことなかれとなり

ときせつきたらば、ふとしてよきことあるべし

ほうわうのとぶごとくりっしんしゅっせして吉事きたるべし

○ぐわんもう心平ければのちに叶ふ ○病人長引のちに本ぶくす ○うせもの出づべし ○待人おそし ○やづくり、ひきこし始めあしくのちよし ○よめとり、むことり、人をかゝへる たびだち半吉なり

実力過信の気味がある。
度、謙虚に実力を見

神の教

天地一ぱいひろがる力、神とひとつになつた時肉体に制約する人間の力は、誠にか弱い少さいものであるが、神様に通じ、神様と一つになりきれば、果てもなく強く大きくなつて行く、さればひとむきに神様を仰ぎたふとび、神様を信じ敬ひ神様と御一体になるまで拝みつづけ念じつゞけましよう

淺草寺観音籤

第四十六凶

雷(らい)發(はつして)震(てんにふるつて)天昏(くらし)

らいなりわたりそらかきくもりおそろしきていなり

佳(か)人(じん)獨(ひとり)掩(もんを)門(おほふ)

もんをとぢ人にまじわらづ、さびしきていなり

交(ぶん)加(しよの)文(うへに)書(こう)上(かす)

かきものの事などにつき、まちがひあるべし

無(ぶ)事(じ)也(なりまた)遭(とゆんに)迍(あふ)

よくつゝしみゐるといへども、とかくなんぎの事のみなり

○ぐわんもう叶ひがたし　○病人本ぶくすべし　○うせもの出がたし

○待人きたらず　○やづくり、ひきこし見合すべし　○たびだちわろし

○よめとり、むことり、人をかゝへるわろし

NHKテレビ 1
☎0570-066066

5.00Ⓝ天◇話芸◇温泉◇天
6.00Ⓝ天◇15字Ⓢたべもの新世紀　甘さ抜群完熟トマト◇天　388007
00　おはよう日本　Ⓝ▽天▽ＡＳＥＭ財務相会議　世界経済の先行きは？◇45字自然　26620
00字Ⓢ小さな旅　アジサイ神奈川箱根　160533
25字多中学生日記　ボク的・評価◇天　2445823
00　日曜討論　景気回復？日本経済に何が必要かデフレ対策・税制改革ペイオフは　37736
00　Ⓝ天◇05Ⓢあなたのアンコール「ハイビジョンスペシャル・独立時計師たちの小宇宙」極小の手仕事　4395277
11.30Ⓢアジア人間街道　クワガタ捕り名人の夢ラオス◇天　63200
Ⓝ　770858
…のど自慢　南こうせつ…洋子～沖縄県豊見…　892718
…ルフツアー選手…ヤマカップ…」解説・金井…川豊　田中泰…長のとき以降…）　144200
…名探偵ポワロ…案内　589571
…　781281
…相撲名古屋場所…初日」▽貴乃花休場・再起への決意　正面解説・不知火　北の富士勝昭　向正面解説・舞の海秀平　実況・藤本憲司　藤井康生～愛知県体育館　67360552
00　Ⓝ◇10字Ⓢ課外授業▽弱虫たちよ強くなれ　角田信朗　7349552
45　首都圏Ⓝ天　50281
00字二ニュース7　相撲初日の注目は　281991
20字Ⓢクイズ日本人の質問「ドライブ」安全運転できる人？　立松和平　さとう珠緒　227020
00字Ⓢ利家とまつ「本能寺…

NHK教育 3
☎0570-066066

5.00Ⓢこころの時代　山浦玄嗣　48842
6.00化学◇体操　393477
40　ドイツ語　8017228
7.10聴覚障害(再)　デフサーフィン大会　9614129
30　歌壇　藤井常世　日高堯子　58378
00　俳壇　今井千鶴子　大橋敦子　8736
30字Ⓢ趣味の園芸　多肉植物▽大ギク　51465
00Ⓢ新日曜美術館　ドイツ・美の旅①生まれ変わるベルリン　海野弘▽45アート　35378
00　将棋講座「木村一基の四間飛車破り・急戦の極意」④　965216
20　ＮＨＫ杯将棋トーナメント・1回戦・第14局「加瀬純一×清水市代」解説青野照市　司会中倉彰子　23079194
00　囲碁講座「林海峰の実戦に学ぼう④国際棋戦に学ぶ」　144397
20　ＮＨＫ杯囲碁トーナメント・1回戦・第14局「中野寛也×小川誠子」解説淡路修三　司会万波佳奈　60070945
00Ⓢこころの時代(再)　中陰の花で芥川賞▽僧侶・玄侑宗久▽ないがままに生きる　27397
00Ⓢ第80回全日本ボート選手権（延長のとき以降変更あり）　19736
【中止】字星◇アート
00字Ⓢ野性発見の旅(再)「イルカとロビン・ウィリアムス」　32736
45Ⓢ深海探検　66842
00Ⓢわんパーク　あきひろ・りょうが歌う二人のハーモニー、あさごはんマーチほか　690194
00Ⓢアニメ・だぁ！だぁ！だぁ！　281858
25字多中学生日記(再)「最北端最南端」　2223194
00　すくすく「赤ちゃんと夏をのりきる」住環境・病気対策　484
30Ⓢミニ手話　805002
40　聴覚障害(再)　516200
55手手話Ⓝ　63858
00Ⓢ新日曜美術館(再)▽ドイツ・美の旅①生…

日本テレビ 4
☎03(5275)1111

5.2524時間ＴＶ◇日テレＱＡ◇45皇室　2453842
6.00日曜テレショップ◇探検隊◇手Ⓝ　43397
00　目テン！　徹底解明・やせる科学　2755
30字Ⓢ遠くへ　初夏の旬味砂丘の音楽　45804
00　ザ・サンデー　優勝…ブラジルのゴール全部見せます▽カーン痛恨の瞬間▽あのＴＶ美女も大興奮▽行方不明…医師の妻はどこへ？▽江川VS.徳光　221303
9.55字波瀾万丈　人形師…辻村寿三郎…二人の母妖艶な人形作りの秘密▽役者志望　6363026
10.55どろぬま　泉ピン子をだました男　5900842
11.25Ⓢ企業◇Ⓝ　2550842
40Ⓢ世代密林　訴えてやる史上最強4000万円貢がせる男VS.ダマされる女仰天㊙手口　2173587
0.30パワーバンク　英会話最短上達法　68755
00Ⓢ巨人中毒　30分テレビみんなの歌　6755
30　札幌国際ハーフマラソン　瀬古利彦～円山競技場～東札幌3条5丁目▽男女世界最速ランナーが参戦　134939
2.55Ⓝスポット　51228
00　徳光・飯島愛が行く！シンガポール超豪華VS.激安ツアー　刺激体験エステに最新ブランド豪邸グルメ　1610858
4.25天声慎吾　巨人戦実況清原に直撃　447194
55　ロンブー龍　ヘルシー激ウマ㊙海のデザート奥様も興奮　1593129
5.30字Ⓢ笑点　橘家円蔵▽大喜利観光　87755
00　ザ独占サンデー　Ⓝ▽ＧVS.Ｔ生中継▽中居も乱入応援？　175465
55Ⓢバトルボールパーク
00Ⓢプロ野球～東京ドーム　巨人×阪神　掛布雅之▽首位独走は許さん…燃える星野猛虎軍団▽秘密兵器真田登板か？（最大延長9.24、以降繰り下げ）　358084

KIRIN

TBSテレビ 6
☎03(3746)6666

5.15東京◇西武　217129
5.45朝なま　島倉千代子の人生いろいろ…歌手生活48年◇Ⓝ　8167620
00字Ⓢ笑顔　山紫水明の国静岡県の旅
30Ⓢ道浪漫　タイ…の沈んだ海
00　サンデーモーニング　田中知事反攻の戦略▽宗男議員と三井物産の関係▽熱狂ブラジル＆Ｗ杯の重いツケ▽次はジーコだ▽阪神ピンチ▽隣人射殺　229945
9.54　倶楽部6　662858
00　サンデー・ジャポン　今週のビッグニュース　松本人志・優香…疑惑▽元彌400…大移動は間に合うのか…を徹底検証　4156910
11.24　生活◇30Ⓝ◇40物語
45　アッコにおまかせ！　超スクープ・和泉元彌に信じられない新疑惑▽芸能人浮き沈み講座▽記憶力Ｑ　8423264
00　噂の！東京マガジン　前代未聞・美しい湖に産廃処分場　605026
54　Ⓝ　67750465
00Ⓢ今夜太陽の季節が甦る　滝沢密着!!　7484
30　実録決定版！究極のワケあり家計簿超ノゾき見ＳＰ(再)　ア然1食11円・驚きの節約術▽5男3女大家族貯金0円冷蔵庫カラ　699200
00Ⓢ明日夜8時スタート！〝こちら本池上署〟下町の人情署長汗と涙の奮闘記　2…
00字Ⓝ森　イラクの反…派のいまほか　12…
30　報道特集　知事不信任500日の攻防は▽がん新たな治療　9064804
6.24天◇30ＺＯＮＥ　優勝ブラジル＆ロナウドに密着600日　30823
00ⓈさんまのスーパーからくりＴＶ　がんばれ・たいき君…泣き虫4歳児ついに男修業・爆笑＆感動記録▽ボビーは眼鏡店面接　1543
00　どうぶつ奇想天外！　サル次郎バスケット＆新体操に挑戦▽ペット…

フジテレビ 8
☎03(5500)8888

引き続き…
Ⓢ02ＦＮＳ27時間テレビ　みんなのうた〝あの素晴らしい日本をもう一度〟　さだ＆くず道中…ずどうなる？…心に残る…トテンを…ミストリーから美空ひばりまで▽とくダネ！は風雲急…みのVS.小倉の異色司会ピーコもビビる㊙暴露▽北の国から・名曲でたどる22年と感動秘話黒板一家が富良野に大集合▽鶴瓶＆ココリコ…戦はつづく…～前11.00のＧ…は　22213620）…ま・八木コンビにみの乱入で爆笑トークが止まらない…あのめざまし調査隊がＷ杯視聴率66%の裏側で見たものは？▽秘境の村氷川きよしが子供達と作る汗と涙の夢楽器▽ブルーシャトーの替え歌は誰が作ったのか？マチャミもあ然の結末▽モーニング娘も熱唱日本中に元気を・新曲＆スゴイ新ユニット初めて見せます▽競馬は爆笑問題におまかせ▽さだ＆くずは北の大地で新たな出会い…友情大合唱▽0930は歌で神話の里を大そうじ▽ネプチューンが入魂みんなでハモネプ決勝…グは家族・同級生…仲間たちが力を…せて頑張ります…ラグ・インスピも感激（前11.00～後6.00のＧコードは　29608552）▽ちびまる子ちゃん＆サザエさん27時間ＳＰ▽ハモネプは最終章へ日本一はどのチーム…感動の歌声にみの・ネプも涙する…▽さだ＆くずはお台場に着けるか▽ホリケンサイズ▽日本再生プロジェクトも大フィナーレ…湘南1万人のゴミ拾いは…鶴瓶の笑いは…そしてあの素晴…

テレビ朝日 10
☎03(3587)5111

4.00全米女子オープンゴルフ　岡本綾子▽息づまる混戦▽決勝ラウンド始まる▽Ⓝ　44835552
00字Ⓢクラッシュギア　荒わしガレン　5303
30Ⓢハリケンジャー　パンチと好敵手　34200
00Ⓢ仮面ライダー龍騎「変わる運命」　5910
30字Ⓢおジャ魔女　彦星なんかキライ　17587
00Ⓢ題名21　津軽とハンガリーの融合　3939
30　得テレ　夏山歩きで㊙ダイエット　18216
00　サンデープロジェクト　ついに不信任案が可決　田中康夫が緊急生出演　議会と初のテレビ対決▽リストラから1年が中高年者の闘いに密着　再就職の道　30191200
11.45　Ⓝ◇Ⓝ　79674
00Ⓢ〝ダークエンジェル〟パーフェクトガイド！　山咲トオル　686649
55　新婚さんいらっしゃい　車で山形から奈良へ…愛の逃避行　7908674
1.25アタック25　応援団はヤッター？　1317945
00Ⓢプロ野球～札幌ドーム　西武×近鉄　ゲスト・南原清隆　解説東尾修　栗山英樹　熱パ天王山　9306020
3.25Ⓢ夢の球宴直前ガイド　徹底抗戦松坂が清原に挑戦状◇Ⓝ　1220465
00　全米女子ＯＰ　インクスターVS.ソレンスタム　新旧女王対決▽大混戦抜け出すのは誰▽決勝ラウンドいよいよ始まる◇モット　563026
5.30Ⓝ Ｊチャン　田中知事熊本で講演　41465
00　隠れ家ごはん　新装開店名取裕子　9571
30Ⓢマザー物語　90179
56　決定日本のベスト100「アニメ人気キャラ…100選」ルパン・悟空・ドラえもん・ハイジ・トトロ…人気悪役まで名場面続々　30014129
7.56Ⓢ大改造!!劇的ビフォーアフター　危ない…屋根の上で洗濯する母…

テレビ東京 12
☎03(3432)1212

5.00話題の医学◇広叔の光◇将棋対局　95262
6.00　囲碁対局　8200
30　特選買い物　37397
00Ⓢ勇気「レスリング三兄妹奮闘記」　9129
30　リフォーム家族　廃材有効活用術　38026
00Ⓢ医食同源　ぜんそくとストレス　9736
30Ⓢ電光超特急ヒカリアン　声松本さち　31113
00二新楽しいダックタウン　声水島裕ほか　1115
30Ⓢアニメ・ぴたテン「しあわせ」　32842
00Ⓢ Ｂ－ＷＡＶＥ「280万円で店」　3552
30Ⓢ刑事ナッシュ(再)　声野沢那智　7520945
11.25　Ⓝ　181113
30Ⓢハロモニ　新ユニット娘26人マジで超バトル新曲3連発　120397
0.15今夜も千両箱　名人VS.山本晋也　6048587
52Ⓢツインズ　27667649
55Ⓢなんでも鑑定団(再)　買った別荘に放置の絵Ａクラス本物で超高値▽謎ガラス　石坂浩二　島田紳助　7270620
00二映画「マイアミ・ブルース」（1990年アメリカ）ジョージ・アーミテージ監督　アレック・ボールドウィン　フレッド・ウォード　Ｊ・Ｊ・リー　883295
3.56　まにあ　57172129
00　ベルーナレディースカップゴルフトーナメント「最終日」解説・大迫たつ子　6028858
5.15Ⓢ超野球　5853262
20Ⓢキャプテン翼「葵新伍登場」声関智一ほか◇50Ⓝ　642533
00　ドライブ　東京奥多摩㊙離れの宿　3397
30Ⓢサイボーグ009「星祭りの夜」　98303
00　日曜ビッグバラエティ「全国厳選…ウワサの大御殿」築200年会津？億円のお宝ザクザク蔵屋敷▽絶景の海一望1500坪白亜の大御殿▽あこがれ、本場英国風北海道のガーデニング…

TVはいらいと

日曜劇場　太陽の季節（新番組）（ＴＢＳ＝後9・0）

太陽の下、真っ青な海を走るヨットの上には、竜哉（滝沢秀明）や慎二（高岡蒼佑）らがいた。彼らは私立大学の三年生。竜哉は父が借金を抱えて自殺して以来、人生の勝ち組になることを心に誓い、裕福な家の息子だと偽って慎二たちと付き合うようになる。慎二にしっとしている竜哉は、慎二の婚約者・由紀（松本…）に近づく。ある日、竜哉は交差点で英子（池脇千鶴）と出会う。

滝沢秀明　池脇千鶴

…人の娘に…に出席さ…性にもう…は成功…だが、…離婚をきっかけになった二人に、安は結婚費用三百万円を請求される。

日経スペシャル　ガイアの夜明け（東京＝後10・0）

ドコモによるｉモードの台湾進出を追う。日本ブームが到来するという台湾で、新市場をつかもうとドコモから台湾の企業に出向した河野達さんに密着する。

…中心に、大きく変化する米ロ関係とプーチンの心の内を描く。昨年九月の米同時多発テロを契機にロシアと米国は急接近。プーチンは、かつてあり得なかった米ロ協調の道を選択する。

そして音楽が始まる＝尾崎豊（東京＝後10・54）

ヒット曲「アイ・ラブ・ユー」を通して尾崎豊の本当の姿に迫る。高校二年の時、尾崎は高校進学をやめ将来の道へ入った友達の言葉からオーディションを受けることに。デビューアルバムのレコーディ…

…（…後9・0）…ン色素」の実態を研究する。日焼けやシミは、個人差があるという。ストレスや不規則な生活によるホルモンの分泌増加や、女性ホルモンの乱れとメラニン色素増加のメカニズムなどを解説する。

列島プラザ

ニッポン紀行

熊本県・八代

イ草王国 高級品種で反攻

中国産畳表の急増に対応

新たな需要も開拓

畳表材料のイ草の収穫量で全国の約九〇%を占める熊本県で高級品種のイ草作りが急速に広がっている。一九九八年から急増した安価な中国産畳表との対決を避け、高級品種で生き残る狙いで、県や農協（JA）、農家が一体となり一般品種からの転換を図る。各地のJAを結び畳表を消費者に直販するシステム構築にも取り組んでおり、イ草王国の巻き返しが軌道に乗ってきた。

一五〇〇年代初頭に起こった熊本県のイ草作り。発祥の地とされ、今も八代市や鏡町（八代郡）と並んで栽培が盛んなのが千丁町（同郡）だ。JR熊本駅から南へ普通列車で約三十分の同町で、今年も六月下旬から刈り入れが始まった。

▽―△

「必要な時に雨があまり降らず、今年は平年を下回りそう」。この地で祖父の代からイ草を作る浜田敏さん（54）は残念そうに語る。でも表情に曇りはない。「この品種なら中国産と競合せず生き残れる」といい、一・四メートルほどの深緑のイ草が茂る田を指し示す。

浜田さんが栽培するのは熊本県などが一九八〇年代後半から十年以上をかけ開発した高級種「ひのみどり」。日中両国の産地で通常作られている一般種に比べ、イ草に傷が少なく色合いが良いうえに丈夫なのが特徴だ。

作付けが始まったのは二〇〇〇年。当初は栽培が難しく浸透しなかった。それが二〇〇二年に一気に拡大、県内作付面積（千七百十八ヘクタール）の二九%（五百ヘクタール）を占めるまでに。二〇〇四年は五〇%の千ヘクタールが見込まれる。

きっかけは中国産の輸入急増だった。中国産が一畳当たり約五、六百円なのに対し国産は同千二百円前後で「勝負にならなかった」（沢田完司・JA熊本経済連い業部長）。九七年に八百六十三万枚だった輸入畳表は九八年に千三十四万枚、九九年に千三百五十七万枚。二〇〇〇年には二千三十万枚となり、減少を続けた国内産（千三百八十七万枚）を初めて上回る。

これに伴い価格は九百円近くにまで下落し、イ草農家の経営を次第に圧迫。廃業や野菜、[…]物への転作が相次[…]「刈り取って泥染[…]イ草を乾燥させる[…]ムだけで一千万円。[…]があれだけ下がった[…]っていけない」と浜[…]ん。「七五年前後の[…]期にこの辺りは一面[…]草田だった。今は半[…]三分の一」と話す。

政府は昨年四月[…]の要請に応え、イ草[…]いて暫定的な緊急輸[…]限措置（セーフガ[…]）を発動した。本格[…]同十二月に見送[…]

宅地がせまるイ草田で「ひのみどり」が風に吹かれる（熊本県千丁町）

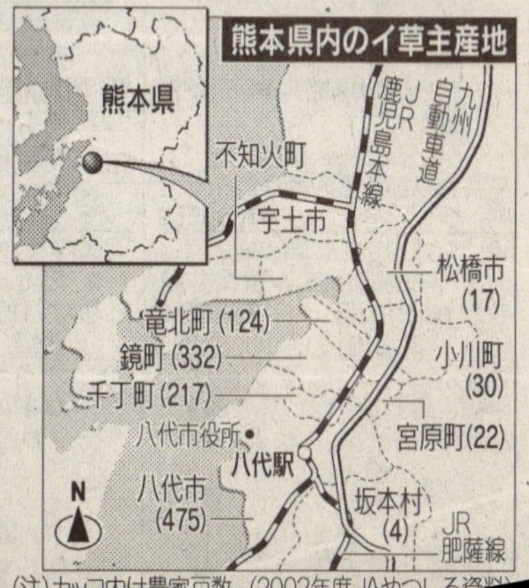

（注）カッコ内は農家戸数。（2002年度、JAやつしろ資料）

私の中のふるさと

兵庫県川西市

東洋通信機社長
吉川　英一さん（62）

起業家精神の気風影響

昭和二十年（一九四五年）[…]開先の奈良県御[…]県川西市に引っ[…]時代を過ごしま[…]住んだのは阪急宝[…]屋敷駅（雲雀丘花屋[…]台）から急な坂道を[…]所にあった昭和初期の[…]宅街。戦前に開通した[…]車（トロリーバス）[…]物資供出で廃止さ[…]たコンクリートの軌[…]路でした。[…]って花屋敷駅ま[…]乗り、学校があ[…]った阪急箕面線の桜井駅までは片道約一時間。私が通っていた学校は私立の箕面自由学園で、当時とし[…]校給食を実施[…]が、財政事情が苦[…]固めたセロハン次の[…]学校の窓ガ[…]

ん。生徒は家から弁を持参しなければなりませんでした。[…]当時の電車のドアは自動式[…]、自分で開閉する手[…]電[…]

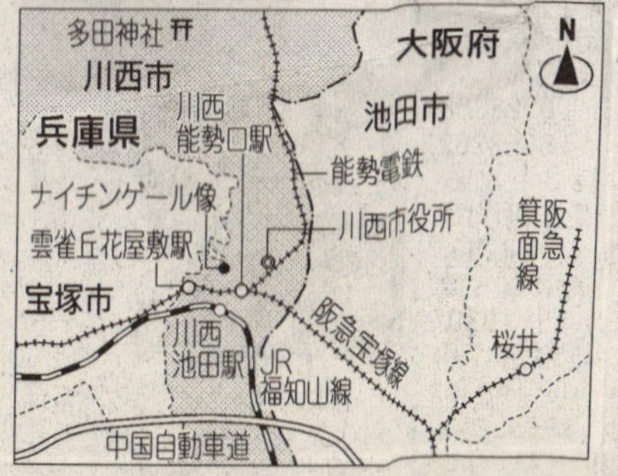

何度も割って親にしかられた記憶が残っています。

近くにあった小高い「釣鐘山」で遊んだ思い出も鮮明です。この山は少し地面を掘り返すと、きらきら光る天然の水晶のかけらがたくさん出てきました。胸をときめかせ、宝石を掘り出すように夢中で集めたものです。六月末にNECから移籍した今の会社の主力事業は[…]晶を使った携帯電話用電子部[…]か因縁を感じています[…]の遊び場だっ[…]池田市[…]

福徳開運

西宮神社みくじ

第八番　末吉

かぎりなき人の行末とやかくに
思ふはこゝろのまよひなりけり

この歌は人の行末はいかになりゆくべきや限りある人のちゑにてはしられずされば いたづらに心をいため身を苦しめずしてひたぶるに神にちかひて善事の来るをまつべしとなり

○商人　うりかひ急がばわるし
○訴訟　利あり
○病人　長引くとも命に別條なし
○待人　来るべし
○憂ひ事　おほくかさなるとも惑ふべからず
　神にまかすべし
○方角　東南の方よし

このみくじにあたる人は何事も忍耐が第一なり氣ながく待つべし行末大によし

浅草寺観音籤

第五十九凶

去住心無レ定
きよぢゆうこころさだめなし

行藏亦未レ寧
こうぞうまたやすからず

一輪清皎潔
いちりんきようしてこうけつ

却被二黒雲乗一
かへつてこくうんにどようぜらる

ぢうしよにも、こゝろさだまらぬなり

ものごと おこなふわざ、おさまらず、さまざま心づかひあることなり

一りんは月のことなり、さえんとすれども

くろくもに、おほはれて少しもみへず、こゝろくらまさるゝていなり

○ぐわんもう叶ひがたし ○病人あやうし ○うせものいでがたし
○まち人きたらず ○やづくり、ひきこし、わろし ○たびだちあし
○よめとり むことり、人をかゝへる、わろし

神の教

とんとふみ出すその一足が、谷と野原の分れみち
ふみ出す一足である、千仭の谷の底にも落ちこめば、広い花の野原にも出る、神様相手に其日々々善い行ひをして行くか、神様に背を向けて悪い事をして行くか、行こう正しい道へ、悪魔の誘ひを斥けて、神様の御手にすがり、廣い花の野に出て行こう

NHKテレビ①
☎0570-066066

5.00Ⓝ㊝◇話芸◇温泉◇㊝
6.00Ⓝ㊝◇15㊫Ⓢたべもの新世紀 甘さ抜群完熟トマト◇㊝ 388007
00 おはよう日本 Ⓝ▽㊝▽ASEM財務相会議 世界経済の先行きは？◇45㊫自然 26620
00㊫Ⓢ小さな旅 アジサイ神奈川箱根 160533
25㊫㊫中学生日記 ボク的・評価◇㊝ 2445823
00 日曜討論 景気回復？日本経済に何が必要かデフレ対策・税制改革ペイオフは 37736
00 Ⓝ㊝◇05Ⓢあなたのアンコール「ハイビジョンスペシャル・独立時計師たちの小宇宙」極小の手仕事 4395277
11.30Ⓢアジア人間街道 クワガタ捕り名人の夢ラオス◇㊝ 63200
Ⓝ 770858
…のど自慢 南こうせつ…洋子～沖縄県豊見… 892718
…ルフツアー選手…ヤマカップ…」解説・金井…川豊 田中泰…長のとき以降…) 144200
…名探偵ポワロ…案内 589571
… 781281
…撲名古屋場所…初日」▽貴乃花休場・再起への決意 正面解説・不知火 北の富士勝昭 向正面解説・舞の海秀平 実況・藤本憲司 藤井康生～愛知県体育館 67360552
00 Ⓝ◇10㊫Ⓢ課外授業▽弱虫たちよ強くなれ 角田信朗 7349552
45 首都圏Ⓝ㊝ 50281
00㊫㊂ニュース7 相撲初日の注目は 281991
20㊫Ⓢクイズ日本人の質問「ドライブ」安全運転できる人？ 立松和平 さとう珠緒 227020
00㊫Ⓢ利家とまつ「本能寺の変」唐沢寿明…

NHK教育③
☎0570-066066

5.00Ⓢこころの時代 山浦玄嗣 48842
6.00化学◇体操 393477
40 ドイツ語 8017228
7.10聴覚障害(再) デフサーフィン大会 9614129
30 歌壇 藤井常世 日高堯子 58378
00 俳壇 今井千鶴子 大橋敦子 8736
30㊫Ⓢ趣味の園芸 多肉植物▽大ギク 51465
00Ⓢ新日曜美術館 ドイツ・美の旅①生まれ変わるベルリン 海野弘▽45アート 35378
00 将棋講座「木村一基の四間飛車破り・急戦の極意」④ 965216
20 NHK杯将棋トーナメント・1回戦・第14局「加瀬純一×清水市代」解説青野照市 司会中倉彰子 23079194
00 囲碁講座「林海峰の実戦に学ぼう④国際棋戦に学ぶ」 144397
20 NHK杯囲碁トーナメント・1回戦・第14局「中野寛也×小川誠子」解説淡路修三 司会万波佳奈 60070945
00Ⓢこころの時代(再) 中陰の花で芥川賞▽僧侶・玄侑宗久▽ないがままに生きる 27397
00Ⓢ第80回全日本ボート選手権(延長のとき以降変更あり) 19736
【中止】㊫星◇アート
00㊫Ⓢ野性発見の旅(再)「イルカとロビン・ウィリアムス」 32736
45Ⓢ深海探検 66842
00Ⓢわんパーク あきひろ・りょうが歌う二人のハーモニー、あさごはんマーチほか 690194
00Ⓢアニメ・だぁ！だぁ！だぁ！ 281858
25㊫㊫中学生日記(再)「最北端最南端」 2223194
00 すくすく「赤ちゃんと夏をのりきる」住環境・病気対策 484
30Ⓢミニ手話 805002
40 聴覚障害(再) 516200
55㊫手話Ⓝ 63858
00Ⓢ新日曜美術館(再)▽ドイツ・美の旅①生…

日本テレビ④
☎03(5275)1111

5.25 24時間TV◇日テレQA◇45皇室 2453842
6.00日曜テレショップ◇探検隊◇㊫Ⓝ 43397
00 目テン！ 徹底解明・やせる科学 2755
30㊫Ⓢ遠くへ 初夏の旬味砂丘の音楽 45804
00 ザ・サンデー 優勝…ブラジルのゴール全部見せます▽カーン痛恨の瞬間▽あのTV美女も大興奮▽行方不明…医師の妻はどこへ？▽江川VS.徳光 221303
9.55㊫波瀾万丈 人形師…辻村寿三郎…二人の母妖艶な人形作りの秘密▽役者志望 6363026
10.55どろぬま 泉ピン子をだました男 5900842
11.25Ⓢ企業◇Ⓝ 2550842
40Ⓢ世代密林 訴えてやる史上最強4000万円貢がせる男VS.ダマされる女仰天㊙手口 2173587
0.30パワーバンク 英会話最短上達法 68755
00Ⓢ巨人中毒 30分テレビみんなの歌 6755
30 札幌国際ハーフマラソン 瀬古利彦～円山競技場～東札幌3条5丁目▽男女世界最速ランナーが参戦 134939
2.55Ⓝスポット 51228
00 徳光・飯島愛が行く！シンガポール超豪華VS.激安ツアー 刺激体験エステに最新ブランド豪邸グルメ 1610858
4.25天声慎吾 巨人戦実況清原に直撃 447194
55 ロンブー龍 ヘルシー激ウマ㊙海のデザート奥様も興奮 1593129
5.30㊫Ⓢ笑点 橘家円蔵▽大喜利観光 87755
00 ザ独占サンデー Ⓝ▽GVS.T生中継▽中居も乱入応援？ 175465
55Ⓢバトルボールパーク
00Ⓢプロ野球～東京ドーム巨人×阪神 掛布雅之▽首位独走は許さん…燃える星野猛虎軍団▽秘密兵器真田登板か？(最大延長9.24、以降繰り下げ) 358084

TBSテレビ⑥
☎03(3746)6666

5.15東京◇西武 217129
5.45朝なま 島倉千代子の人生いろいろ…歌手生活48年◇Ⓝ 8167620
00㊫Ⓢ笑顔 山紫水明の国静岡県の旅
30Ⓢ道浪漫 タイ…の沈んだ海
00 サンデーモーニング 田中知事反攻の戦略▽宗男議員と三井物産の関係▽熱狂ブラジル&W杯の重いツケ▽次はジーコだ▽阪神ピンチ▽隣人射殺 229945
9.54 倶楽部6 662858
00 サンデー・ジャポン 今週のビッグニュース 松本人志・優香…疑惑▽元彌400…大移動は間に合うのかを徹底検証 4156910
11.24 生活◇30Ⓝ◇40物語
45 アッコにおまかせ！ 超スクープ・和泉元彌に信じられない新疑惑▽芸能人浮き沈み講座▽記憶力Q 8423264
00 噂の！東京マガジン 前代未聞・美しい湖に産廃処分場 605026
54 Ⓝ 67750465
00Ⓢ今夜太陽の季節が甦る滝沢密着!! 7484
30 実録決定版！究極のワケあり家計簿超ノゾき見SP(再) ア然1食11円・驚きの節約術▽5男3女大家族貯金0円冷蔵庫カラ 699200
00Ⓢ明日夜8時スタート！"こちら本池上署"下町の人情署長汗と涙の奮闘記 2…
00㊫Ⓝ森 イラクの反…派のいまほか 12…
30 報道特集 知事不信任500日の攻防は▽がん新たな治療 9064804
6.24㊝◇30ZONE 優勝ブラジル&ロナウドに密着600日 30823
00ⓈさんまのスーパーからくりTV がんばれ・たいき君…泣き虫4歳児ついに男修業・爆笑&感動記録▽ボビーは眼鏡店面接 1543
00 どうぶつ奇想天外！ サル次郎バスケット&新体操に挑戦▽ペットの感染症▽今のドラマ…

フジテレビ⑧
☎03(5500)8888

引き続き…
Ⓢ02FNS27時間テレビ みんなのうた"あの素晴らしい日本をもう一度" さだ&くず道中…ずどうなる？…は心に残る…トテンを…ミストリーから美空ひばりまで▽とくダネ！は風雲急…みのVS.小倉の異色司会ピーコもビビる㊙暴露▽北の国から・名曲でたどる22年と感動秘話黒板一家が富良野に大集合▽鶴瓶&ココリコ…戦はつづく…(…～前11.00のGコードは 22213620)…ま・八木コンビにみの乱入で爆笑トークが止まらない…あのめざまし調査隊がW杯視聴率66%の裏側で見たものは？▽秘境の村氷川きよしが子供達と作る汗と涙の夢楽器▽ブルーシャトーの替え歌は誰が作ったのか？マチャミもあ然の結末▽モーニング娘も熱唱日本中に元気を・新曲&スゴイ新ユニット初めて見せます▽競馬は爆笑問題におまかせ▽さだ&くずは北の大地で新たな出会い…友情大合唱▽0930は歌で神話の里を大そうじ▽ネプチューンが入魂みんなでハモネプ決勝…グは家族・同級生…仲間たちが力を…せて頑張ります…ラグ・インスピも感激(前11.00～後6.00のGコードは 29608552)▽ちびまる子ちゃん&サザエさん27時間SP▽ハモネプは最終章へ日本一はどのチーム…感動の歌声にみの・ネプも涙する…▽さだ&くずはお台場に着けるか▽ホリケンサイズ▽日本再生プロジェクトも大フィナーレ…湘南1万人のゴミ拾いは…鶴瓶の笑いは…そしてあの素晴…

テレビ朝日⑩
☎03(3587)5111

4.00全米女子オープンゴルフ 岡本綾子▽息づまる混戦▽決勝ラウンド始まる▽Ⓝ 44835552
00㊫Ⓢクラッシュギア 荒わしガレン 5303
30Ⓢハリケンジャー パンチと好敵手 34200
00Ⓢ仮面ライダー龍騎「変わる運命」 5910
30㊫Ⓢおジャ魔女 彦星なんかキライ 17587
00Ⓢ題名21 津軽とハンガリーの融合 3939
30 得テレ 夏山歩きで㊙ダイエット 18216
00 サンデープロジェクト ついに不信任案が可決田中康夫が緊急生出演議会と初のテレビ対決▽リストラから1年が中高年者の闘いに密着再就職の道 30191200
11.45 Ⓝ◇Ⓝ 79674
00Ⓢ"ダークエンジェル"パーフェクトガイド！ 山咲トオル 686649
55 新婚さんいらっしゃい 車で山形から奈良へ…愛の逃避行 7908674
1.25アタック25 応援団はヤッター？ 1317945
00Ⓢプロ野球～札幌ドーム 西武×近鉄 ゲスト・南原清隆 解説東尾修 栗山英樹 熱パ天王山 9306020
3.25Ⓢ夢の球宴直前ガイド 徹底抗戦松坂が清原に挑戦状◇Ⓝ 1220465
00 全米女子OP インクスターVS.ソレンスタム 新旧女王対決▽大混戦抜け出すのは誰▽決勝ラウンドいよいよ始まる◇モット 563026
5.30Ⓝ Jチャン 田中知事熊本で講演 41465
00 隠れ家ごはん 新装開店名取裕子 9571
30Ⓢマザー物語 90179
56 決定日本のベスト100「アニメ人気キャラ…100選」ルパン・悟空ドラえもん・ハイジ・トトロ…人気悪役まで名場面続々 30014129
7.56Ⓢ大改造!!劇的ビフォーアフター 危ない…屋根の上で洗濯する母…

テレビ東京⑫
☎03(3432)1212

5.00話題の医学◇比叡の光◇将棋対局 95262
6.00 囲碁対局 8200
30 特選買い… 37397
00Ⓢ勇気「レスリング三兄妹奮闘記」 9129
30 リフォーム家族 廃材有効活用術 38026
00Ⓢ医食同源 ぜんそくとストレス 9736
30Ⓢ電光超特急ヒカリアン 声松本さち 31113
00Ⓢ楽しいダックタウン 声水島裕ほか 1115
30Ⓢアニメ・ぴたテン「しあわせ」 32842
00ⓈB－WAVE「280万円で店」 3552
30Ⓢ刑事ナッシュ(再) 声野沢那智 7520945
11.25 Ⓝ 181113
30Ⓢハロモニ 新ユニット娘26人マジで超バトル 新曲3連発 120397
0.15今夜も千両箱(再) VS.山本晋也 6048587
52Ⓢツインズ 27667649
55Ⓢなんでも鑑定団(再) 買った別荘に放置の絵Aクラス本物で超高値▽謎ガラス 石坂浩二 島田紳助 7270620
00映画「マイアミ・ブルース」(1990年アメリカ)ジョージ・アーミテージ監督 アレック・ボールドウィン フレッド・ウォード J・J・リー 883295
3.56 まにあ… 57172129
00 ベルーナレディースカップゴルフトーナメント「最終日」解説・大迫たつ子 6028858
5.15Ⓢ超野球 5853262
20Ⓢキャプテン翼「葵新伍登場」声関智一ほか◇50Ⓝ 642533
00 ドライブ 東京奥多摩㊙離れの宿 3397
30Ⓢサイボーグ009「星祭りの夜」 98303
00 日曜ビッグバラエティ「全国厳選…ウワサの大御殿」築200年会津？億円のお宝ザクザク蔵屋敷▽絶景の海一望1500坪白亜の大御殿▽あこがれ、本格英国風北海道のガーデニング

TVはいらいと

滝沢秀明 池脇千鶴

日曜劇場太陽の季節(新番組)(TBS＝後9・0) 太陽の下、真っ青な海を走るヨットの上には、竜哉(滝沢秀明)や慎二(高岡蒼佑)らがいた。彼らは私立大学の三年生。竜哉は父が借金を抱えて自殺して以来、人生の勝ち組になることを心に誓い、裕福な家の息子だと偽って慎二たちと付き合うようになる。慎二にしっとりとしている竜哉は、慎二の婚約者・由紀(松本莉緒)に近づく。ある日、竜哉は交差点で英子(池脇千鶴)と出会う。

ある…人の娘に…に出席さ…性にも…は成功…だが、…離婚することになった二人に、婆は結婚費用三百万円を請求される。

日経スペシャル ガイアの夜明け(東京＝後10・0) ドコモによるiモードの台湾進出を追う。日本ブームが到来しているという台湾で、新市場をつかもうとドコモから台湾の企業に出向した河野達さんに密着する。

…中心に、大きく変化する米ロ関係とプーチンの心の内を描く。昨年九月の米同時多発テロを契機にロシアと米国は急接近、プーチンは、かつてあり得なかった米ロ協調の道を選択する。

…ン色素」の実態…(…後9・0)…研究する。日焼けやシミのメラニン色素の分泌量には、個人差があるという。ストレスや不規則な生活による分泌増加や、女性ホルモンの乱れとメラニン色素増加のメカニズムなどを解説する。

そして音楽が始まる＝写真(東京＝後10・54) ヒット曲「アイ・ラブ・ユー」を通して尾崎豊の本当の姿に迫る。高校二年の時、尾崎は高校進学をやめ料理の道へ入った友達の言葉からオーディションを受けることに。デビューアルバムのレコーディン…

列島プラザ

ニッポン紀行

熊本県・八代

イ草王国　高級品種で反攻

中国産畳表の急増に対応

新たな需要も開拓

畳表材料のイ草の収穫量で全国の約九〇%を占める熊本県で高級品種のイ草作りが急速に広がっている。一九九八年から急増した安価な中国産畳表との対決を避け、高級品種で生き残る狙いで、県や農協(JA)、農家が一体となり一般品種からの転換を図る。各地のJAを結び畳表を消費者に直販するシステム構築にも取り組んでおり、イ草王国の巻き返しが軌道に乗ってきた。

一五〇〇年代初頭に起こった熊本県のイ草作り。発祥の地とされ、今も八代市や鏡町(八代郡)と並んで栽培が盛んなのが千丁町(同郡)だ。JR熊本駅から南へ普通列車で約三十分の同町で、今年も六月下旬から刈り入れが始まった。

▽――△

「必要な時に雨があまり降らず、今年は平年を下回りそう」。この地で祖父の代からイ草を作る浜田敏さん(54)は残念そうに語る。でも表情に曇りはない。「この品種なら中国産と競合せず生き残れる」といい、一・四メートルほどの深緑のイ草が茂る田を指し示す。

浜田さんが栽培するのは熊本県などが一九八〇年代後半から十年以上をかけ開発した高級種「ひのみどり」。日中両国の産地で通常作られている一般種に比べ、イ草に傷が少なく色合いが良いうえに丈夫なのが特徴だ。

作付けが始まったのは二〇〇〇年。当初は栽培が難しく浸透しなかった。それが二〇〇二年に一気に拡大、県内作付面積(千七百十八ヘクタール)の二九%(五百ヘクタール)を占めるまでに。二〇〇四年は五〇%の千ヘクタールが見込まれる。

きっかけは中国産の輸入急増だった。中国産が一畳当たり約五、六百円なのに対し国産は同千二百円前後で「勝負にならなかった」(沢田完司・JA熊本経済連い業部長)。九七年に八百六十三万枚だった輸入畳表は九八年に千三十四万枚、九九年に千三百五十七万枚。二〇〇〇年には二千三十万枚となり、減少を続けた国内産(千三百八十七万枚)を初めて上回る。

これに伴い価格は九百円近くにまで下落し、イ草農家の経営を次第に圧迫。廃業や野菜、
物への転作が相次
「刈り取って泥染
イ草を乾燥させる
ムだけで一千万円。
があれだけ下がっ
っていけない」と

ん。「七五年前後の
期にこの辺りは一面
草田だった。今は
三分の一」と話す。
政府は昨年四月
の要請に応え、イ
いて暫定的な緊急
限措置(セーフガ
を発動した。本格
同十二月に見送

宅地がせまるイ草田で「ひのみどり」が風に吹かれる(熊本県千丁町)

(注)カッコ内は農家戸数、(2002年度、JAやつしろ調べ)

私の中のふるさと

兵庫県川西市

東洋通信機社長　吉川　英一さん(62)

起業家精神の気風影響

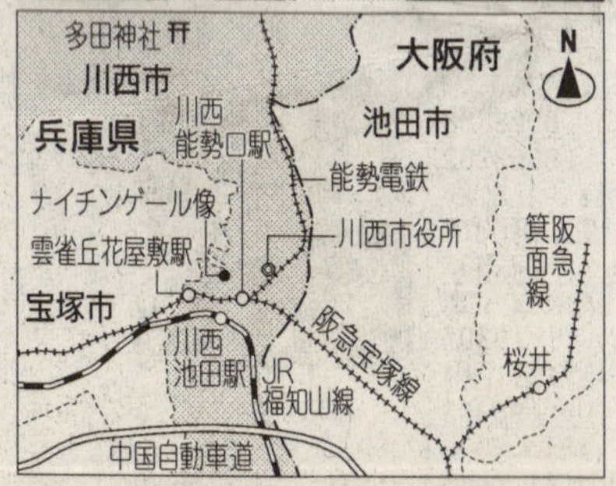

昭和二十年(一九四五年)
先の奈良県御
県川西市に引っ
時代を過ごしま
住んだのは阪急宝
敷駅(雲雀丘花屋
台)から急な坂道を
所にあった昭和初期の
宅街。戦前に開通した
電車(トロリーバス)
争中の物資供出で廃止さ
残ったコンクリートの軌
跡が通学路でした。
軌道跡を下って花屋敷駅ま
で出て電車に乗り、学校があ

った阪急箕面線の桜井駅まで
は片道約一時間。私が通って
いた学校は私立の箕面
園で、当時とし
校給食を実施
が、財政事情が
固めたセロハン
学校の窓

ん。生徒は家から弁を持参し
なければなりませんでした。
当時の電車のドアは自動式
自分で開閉する手

たくさん出てきました。胸を
ときめかせ、宝石を掘り出す
ように夢中で集めたもので
す。六月末にNECから移
した今の会社の主力事業は
晶を使った携帯電話用電子
因縁を感じています
の遊び場だっ
池田市

何度も割って
親にしかられ
た記憶が残っ
ています。
近くにあっ
た小高い「釣
鐘山」で遊ん
だ思い出も鮮
明です。この
山は少し地面
を掘り返す
と、きらきら
光る天然の水
晶のかけらが

知り、着実に進め

浅草寺観音籤

第四十七　吉

更望身前立（さらに みの すゝみ たゝんことを のぞむ）

何期在晩成（なんぞ ごせん ばん せいに あることを）

若過重山去（もし ぢゆう ざんを すぎ さらば）

財禄自相迎（ざい ろく おのづから あい むかふ）

ねがひごとはやく、かなふようにて、ねがひのぞむなり

おもふこと、おそく叶ふとも、少しもくやむべからず

かさなる山をこえるようにかんなんしんくして、かなふべしとなり

ざいほうも、ちぎやうも、おのづから手にいるべしとのことなり

○ぐわんもう叶ふべし　○病人のちに本ぷくす　○うせもの いづべし○待人おそし　○やづくり ひきこしよし　○たびだち 行先仕合よし○よめとり、むこどり、人をかゝへる 万よし

神の教

拝め、拝まば自づと胸に、神の光が澄みとをる

疑ひながらでも拝め、拝む内に分つて来る、ラジオの電波の様に、目に見えず、手にはとれぬが、神様は厳としてそこにおはします、其御光りが、其御いづが、拝む人の心の琴にはひびいて来る、さし込んで来る、神様の御かげは、拝む人の身体に集まつて来る

浅草寺観音籤

第七十四凶

蛇虎正交羅
（ドや こ まさに まじはり つらなり）

牛生二尾多
（うし うまれて に び おほし）

交歳方成慶
（こう さい まさに よろこびを なす）

上下不能和
（じやう げ わすること あたはず）

へびやとらのごときあしき人の巳をがいするものありと知るべし

うしに二ツの尾をつければ失の字なりえんしつあるにたとへたり

人のよろこびをなす時のとかく口舌などありて、わ合せぬなり

じやうげわせずとは家内和合せざるかたちなり

○ぐわんもう叶ひがたし○病人おぼつかなし○うせものいでがたし○まち人来らず○やづくり、ひきこしあしく○よめとりくむことりくたびだち、人をかゝへるわろし

福徳
開運

西宮神社みくじ

第十四番　半吉

知るといふは誰のしれものはかりても
世のことわりはそこひなきもの

この歌は世の中の理は限ある人の力にてはかり知れざるものなればさかしらごゝろもてとやかくとおもひひがめず只神を念じて神の御心に任すがよしとなり

○商人　めさきの利にまよひて失敗する事あるべし
○病人　長引くとも命に別條なしまどふべからず
○うせ物　久しく出でず
○まち人　來るべし
○家造　移轉等しばらく見合すべし
○方角　東南の方よし

このみくじにあたる人はよろずいそぐべからず氣をゆるやかに持つべし

第十九番

訓

神は、人の敬うによって、威を増す。

運勢

本年の運勢は、中年運なり。辛抱は万事成功の基と心得られよ。軽挙妄動は、諸事渋滞して発展無し。身心不安の事多ければ、神を信じ、目上の意見に従い、事を処理せられよ。

判断

願望　叶ふ
土木　吉
結婚　媒介人を選べ
病気　なおる
移転　吉

失物　出る
売買　利あり
方位　南吉
旅行　よろし

出雲大社

浅草寺観音籤

第四十 末小吉

中正方成道
（ちうせい まさに みちを なす）

姦邪恐惹愆
（かんじや おそらく けんを ひく）

壼中盛妙藥
（こちう めうやくを もる）

非久去煩煎
（ひさしきにあらずして はんせんを さる）

なかごろまでよき事はわざはひなしをなり

かんじやは、あくにんのことなり、あしき方へひきこまるべしとなり

つぼのうちによきくすりをたくわへたることなり

わづろうともやがて本ぶくすべし、たとへばわきはひもきるべしとなり

○ぐわんもう直に叶ひがたし○病人長引とも本ぶくす○うせもの出べし○待人おそく来る○やづくり、ひきこしよし○たびだちよし○よめとり、むことり、人をかゝへる半吉

第二十番凶

あしと思ひ凶しきとおもひつ、しめば
やがて吉ごとも來るなりけり

○悦び事なし ○待人來たらず ○訴訟利なし
○失物出でず ○生死しすべし ○賣買そん有
○病事こゝろよからず○方角戌亥丑とら○家造り
わたまし 婚禮 旅行 これみなひ用て凶なり

廣田社

Ōba Minako

Omikuji – japanisches Orakel

Dem Besucher der großen japanischen Schreine und Tempel fallen sogleich die zahllosen an Bäumen und Zäunen der Gärten befestigten weißen Papierstreifen auf. An ihrer Zukunft Interessierte haben diese Omikuji im Tempel erworben und sie, nachdem sie sie gelesen hatten, an den Bäumen und Zäunen zurückgelassen.

Japanisch-deutsche Wörterbücher übersetzen *Omikuji* mit »Orakelzettelchen«, und sie sind in etwa dem westlichen Horoskop vergleichbar. In einem japanisch-englischen Wörterbuch fand sich auch die Übersetzung »sacred lot« – heiliges Los. Nach allgemeiner Vorstellung setzt sich das Wort *Omikuji* aus dem honorativen Präfix *o*, das Respekt vor einem bestimmten Gegenstand ausdrückt, *mi*, das sich von *kami* (Gott, Gottheit) herleitet, und *kuji* (Lotterie) zusammen.

Kami sind eigentlich die Gottheiten des Shintōismus, doch auch in buddhistischen Tempeln werden Omikuji verkauft. Hierbei handelt es sich um einen der vielen Aspekte des buddhistisch-shintōistischen Synkretismus, der typisch für Japan ist. Wer verkündet nun also das Schicksal eines Menschen – sind es shintōistische *Kami*, oder ist es Buddha? Offenbar werden in dieser Hinsicht alle als kompetent angesehen, denn in Japan existiert kein System, das die Orakelsprechung einer zuständigen Person zuweist, wie beispielsweise der griechische Apollokult dies tut. Wer das Orakel ausspricht, bleibt anonym.

Auf einer Reise in die alte Stadt Kyōto gegen Ende des Jahres machte ich mir einige Gedanken zu diesem Thema. Um diese Jahreszeit besuchen erheblich weniger Touristen die alte Kaiserstadt Kyōto als sonst, und es herrschte eine beinahe unnatürliche Ruhe. Es ist ein alter Glaube, daß sich im November die Gottheiten aller Schreine des Landes in Izumo versammeln. Daher sind in dieser Zeit die Schreine aller übrigen Provinzen verwaist, und der November gilt als der »götterlose Monat«. Ebenso könnte man den Dezember in Kyōto, nachdem der Rummel um das Herbstlaub vorbei ist, den »menschenlosen Monat« nennen.

Es gibt nichts Schöneres, als die Tempel und Schreine zu dieser Jahreszeit zu besichtigen. Zum erstenmal seit langem ging ich wieder vom Kitaōji auf dem Damm am Kamo entlang bis zum Oberen Kamo-Schrein.* Weit und breit war kein Touristenbus zu sehen, und hinter dem verlassenen Tempelgarten zeichneten sich vor dem wie blankgeputzten blauen Himmel die sanften Umrisse des heiligen Kamoyama ab. Im allgemeinen haben die Gebetshallen von Shintō-Schreinen keine Statuen, sondern vielleicht einen runden Spiegel aus poliertem Metall, oder aber der heilige, mit Immergrün bedeckte Berg, der wie hier durch die Pfeiler der Gebetshalle zu erkennen ist, nimmt die Stelle eines Idols ein. Nach den animistischen Vorstellungen des japanischen Volksglaubens ist die gesamte Natur von Geistern und Gottheiten belebt.

Wie in dem alten Lied »Bächlein von Nara« fließt auch hier ein Bach durch den mit dichtem Immergrün bepflanzten Garten des Schreins. An den Ästen, die über den Bach herabhängen, leuchten zarte weiße Formen wie Schmetterlinge, jedoch sind es die an kleinen Zweigen befestigten Omikuji. Sie schwebten wie blendendweiße Schmetterlinge vor dem Dunkel der Bäume, und ich bekam Lust, mir auch ein Omikuji zu ziehen.

Ich bezahlte meine 200 Yen, und als ich die hölzerne Dose mit der kleinen Öffnung schüttelte, fiel ein Bambusstäbchen heraus. Ich gab dem Schreindiener das Stäbchen, auf

* Der Kamo-Schrein ist eine Gründung des 7. Jahrhunderts. Er hatte neben dem Ise-Schrein für den Kaiserhof die größte Bedeutung. Im Kamo-Schrein dienten die Töchter oder Enkelinnen des Tennō als Hohepriesterinnen. Außer dem Oberen gibt es auch noch einen Unteren Kamo-Schrein.

dem eine Zahl stand, und er überreichte mir dafür einen kleinen Zettel.
Mein Zettel war eine Nummer 19, *Halbes Glück*.
Darauf stand:
»Es könnte schlimmer sein. Sie freuen sich über das, was Ihnen gewährt wird.«
Und dann:
»Vermeiden Sie unvorsichtiges Handeln, nachdem Ihnen ein Wunsch erfüllt wurde. Es könnte etwas in die Brüche gehen.«
Und:
»Die erwartete Person trifft nicht ein.«
Und:
»Etwas Verlorengegangenes könnte wieder zum Vorschein kommen.«
»Ein Streit nimmt eine überraschende Wendung, endet aber schneller, als sie vermuteten.«
»Eine günstige Zeit für Geschäftsabschlüsse.«
»Eine Krankheit könnte sich hinziehen, aber Sie schaffen es.«
»Ihre Glücksrichtung liegt im Südwesten.«
»Hausbau, Umzüge, Hochzeiten, Reisen und Beruf bleiben unbeeinträchtigt, wenn Sie sich in acht nehmen.«
Anscheinend erwarteten mich in keinem Punkt schwerwiegende Probleme. Sollte ich noch ein Omikuji ziehen und riskieren, diesmal vielleicht einen Zettel der Kategorie *Unglück* zu erhalten? Nein, das würde mir die Stimmung verderben. Also gab ich mich mit dem einen zufrieden.
In der Gebetshalle gibt es eine Art Omikuji-Selbstbedienung. Von einem kleinen Holzregal, auf dem 25 nach Nummern sortierte Zettel liegen, nimmt man sich den mit der Nummer, die auf dem vorher gezogenen Bambusstäbchen eingeritzt ist. Ich finde, eine so gewichtige Sache wie die Verkündung eines menschlichen Schicksals sollte eigentlich die feierliche Obliegenheit eines Priesters oder einer Priesterin sein, doch angesichts der in letzter Zeit so gestiegenen Personalkosten sah man sich vielleicht zu dieser modernen Regelung gezwungen.
Am folgenden Tag besuchte ich den Yasaka-Schrein* in Gion. Jetzt war der Garten noch ruhig, aber eine Woche später, an Silvester, würde ein großes Gedränge herrschen. Auch hier überall Omikuji. Neben der Schreinverwaltung hatte man ein mit Schnüren bespanntes Gestell aufgebaut. So viele Glückszettel waren daran übereinander gebunden, daß von den Schnüren nichts mehr zu sehen war. Und nicht nur dort, sondern auch an den Zweigen der Bäume, den Hecken und den Büschen, ja sogar außerhalb des Gartens im für seine Kirschblüten berühmten Maruyama-Park hingen unzählige weiße Papierchen. In meiner Erinnerung gehörten früher diese vielen Omikuji nicht so unbedingt zum Erscheinungsbild der Tempel und Schreine wie heute. Ein Grund für diese ungewöhnlich große Menge von Orakelzettelchen könnte die zunehmende Menge von Touristen sein. Häufig wird auch das verstärkte Interesse junger Leute an Omikuji und Horoskopen dahingehend gedeutet, daß sie sich in unserer hochtechnisierten Welt, in der alles mit Computern errechenbar ist, überfordert fühlen. Dennoch liest wohl heute kaum jemand diese Zettelchen ernsthaft als Schrift gewordenes Wort der Götter. Die jungen Leute erwerben ein Omikuji ebenso sorg- und bedenkenlos, wie sie an einem Glücksrad auf dem Rummelplatz drehen würden. Genau wie ich nun meine 200 Yen bezahlte und die Nummer 6, *Glück*, zog. Inhaltlich unterschied es

* Der Yasaka-Schrein liegt im Herzen Kyōtos. Seit dem 7. Jahrhundert besucht die fromme Stadtbevölkerung diesen größten Schrein Kyōtos. Das Gion-Fest, das heutzutage vier Wochen lang im Juli gefeiert wird, ist als das größte Fest Japans berühmt.

sich kaum vom gestern gezogenen *halben Glück*, bis auf eine zusätzliche Bemerkung:
»Ihre Bemühungen um die Prüfung tragen Früchte.«
Heutzutage können die Tempel und Schreine kein Geschäft machen, wenn sie nicht auf die Aufnahmeprüfungen der Universitäten und Schulen eingehen, die die größte Sorge der meisten Eltern und Kinder darstellen. Das betrifft auch verschiedene andere Aufgabenbereiche der Tempel außer dem Omikuji-Geschäft. So werden z. B. auch Einsegnungen und persönliche Fürbitten auf die Problematik der Prüfungen abgestimmt. Daher kann es auch geschehen, daß Omikuji andere Aspekte wie etwa Eheprognosen zugunsten dieser drängenderen Fragen unberücksichtigt lassen.
Man hat mir einmal erklärt, Omikuji würden an Zweige gebunden, um eine Verbindung zwischen dem Willen der Götter und dem der Menschen zu schaffen, das bedeutet, eine Art heilige Handlung wird vollzogen. Zieht man einen Unglückszettel und bindet diesen im Hof an einen Zweig, kann dadurch das Unglück abgewendet werden. Das ist, so heißt es, der Grund für die vielen Omikuji, die wie weiße Blumen überall in den Gärten blühen. Anscheinend ist es jedoch egal, ob *Großes Glück* oder *Unglück* – die meisten Omikuji werden in jedem Fall an Ort und Stelle zurückgelassen.
Was steht wohl auf den Unglückszetteln? Ein Kenner erklärte mir, einige Schreine und Tempel würden gar keine Unglückszettel ausgeben, normalerweise jedoch existierten im Schnitt immer etwa zwanzig bis dreißig Prozent von ihnen. So scheinen sich in den meisten Schreinen und Tempeln Glücks- und Unglückszettel die Waage zu halten. Man mischt den süßen Honig einfach mit ein wenig bitterer Medizin.
Ursprünglich geben die Omikuji eine persönliche göttliche Prophezeiung wieder, doch das moderne Orakelwesen ist eher von allgemeingültigen Aussagen geprägt. Einige Schreine und Tempel fertigen ihre eigenen Omikuji an, aber viele beziehen sie auch von professionellen Herstellern. So gibt es kaum jemanden in Japan, der an eine individuelle Gültigkeit der Omikuji glaubt. Auch die Unglückszettel bieten von vorne herein Maßnahmen zur Rettung der Situation an, und die Betroffenen haben keinen Grund, enttäuscht oder gar verzweifelt zu sein. Andererseits ist auch die Freude über ein *Großes Glück* eher lau. In beiden Fällen wird das Papierchen an einen Zweig gebunden und ist schon vergessen, noch bevor sein Käufer den Schrein verlassen hat.
Heutzutage ist die Zahl echter Gläubiger in Japan so gering, daß Tempel und Schreine von ihnen allein gar nicht mehr existieren könnten. Es läßt sich ohne Übertreibung feststellen, daß formelle Anlässe, wie Hochzeiten und Totenfeiern, sowie Spenden, Eintrittsgelder und der Verkauf von Omikuji an Touristen ihre Haupteinnahmequelle darstellen. Äußerlich hat der Erwerb eines Omikuji die Form einer religiösen Handlung, praktisch besteht jedoch kaum ein Unterschied zu den Glückszetteln in den sogenannten *fortune cookies*, die chinesische Restaurants in Amerika nach dem Essen servieren.
Ich beobachtete, wie ein engumschlungenes junges Paar neugierig und gespannt seine Omikuji las.
»Ach, Unglück. Na, das war wohl nichts. Ist ja sowieso nur Quatsch«, dröhnte der junge Mann, so als ob er dem Himmel das Unglück wieder zurückwerfen wollte.
»Ihr Wunsch geht nicht in Erfüllung.« – »Ich hab' ja gar keinen!« kommentierte er.
»Die erwartete Person kommt nicht.« – »Egal, du bist sowieso die einzige, auf die ich warte, und du bist schon da.«
»Das Verlorengegangene taucht nicht wieder auf.« – »Ich hab' nichts verloren.«

»Vorsicht bei Geschäften. Sie verlieren Kapital.« – »Ich mache keine Geschäfte.«
»Krankheiten sind hartnäckig.« – »Ich bin nicht krank, also auch egal.«
»Glücksrichtungen Nordwest, Nordost.«
»Hausbau, Umzug, Heirat, Beruf und Reise habe ich demnächst nicht vor. Also auch kein Problem.«

»Krähe, nimm mein Unglück mit dir fort,
verbrenne es im Wald am Berge dort.«*

Die beiden Verliebten zwitscherten wie die Vögel und banden ihre Zettelchen an die Zweige. Ihre Profile und die weißen Omikuji-Schmetterlinge vor dem dunklen Schatten des Waldes ergaben ein hübsches Bild.
Wahrscheinlich fällt ihnen später die ein oder andere der Voraussagen wieder ein, und sie werden sie, auch wenn das absolute Gegenteil eingetreten ist, irgendwie zutreffend finden.
Schon immer haben die Menschen das eigene Schicksal gefürchtet und versucht, dieser Furcht Herr zu werden, indem sie Wahrsager nach dem Willen der Götter befragten. Seit dem Aufstreben der Naturwissenschaften in der Renaissance existiert die Kategorie des »Aberglaubens«, unter die die Omikuji eindeutig fallen. Die Menschheit war von der Illusion ergriffen, daß in Zukunft auch ihr Schicksal mit naturwissenschaftlichen Methoden beherrschbar sei. Doch gerade diese Kenntnis der Naturwissenschaften belegt die Unlösbarkeit der Geheimnisse des Weltalls mittels menschlichen Wissens, und die Menschen werden wieder umhergetrieben von der Unsicherheit und Irrationalität des Schicksals. So hat die Welt der Omikuji, der Horoskope, der Wahrsager und Palmisten besonders unter jungen Leuten wieder Zuspruch gefunden.
An Methoden, mit denen die unbekannte Zukunft gedeutet werden kann, herrscht kein Mangel. Im alten China las man das Künftige aus dem Verlauf der Risse im Panzer einer Schildkröte, und im alten Ägypten bediente man sich schon sehr früh der Würfel. Auch in Japan ließ man sich die verschiedensten Methoden einfallen.
Beim Vogelorakel beispielsweise wurden Darminhalt, Ruf oder Flugrichtung von Vögeln als Schicksalszeichen gedeutet. Dann gab es noch das Brücken- oder Kreuzungsorakel. Dabei stellten sich die Wißbegierigen in der Dämmerung, wenn die Gesichter der Menschen verschwimmen, ans Ende einer Brücke oder an eine Kreuzung und lauschten den Worten der Passanten. Die Worte, die einer zuerst vernahm, verkündeten das Kommende. Alles Wandelbare, wie die Worte und Stimmen von Menschen, zog die Wahrsager an. Aber auch aus unbelebten Dingen wie Steinen, Wasser, Schildkrötenpanzern und Tierknochen las man, indem man sie dem Feuer aussetzte und die auf diese Weise entstandenen Formen und Zeichen deutete.
In einer Welt, in der alles berechnet werden kann und somit vorhersehbar ist, brauchen die Menschen das Orakel nicht mehr. Doch für die Alten, deren ganzes Wohl und Wehe in den Händen des Schicksals lag, war es lebensnotwendig. Für die meisten modernen Menschen ist Orakeldeutung eine Art Autosuggestion, wobei jede Interpretation ein subjektiv einleuchtendes Gebilde ist und auch als solches verstanden wird.
An absolute Aussagen und Erklärungen glaubt niemand mehr. Kaum ist ein Phänomen geklärt, treten auch schon wieder zahllose andere Fragen auf. In unserer Zivilisation ist der Drang nach Wissen eine unersättliche Gier und

* Wenn die Krähen am Abend zu ihren Nestern in den Bergwäldern zurückkehren, ist der Abendhimmel so rot, als stünde er in Flammen. Dieses Schauspiel wird mit einem Waldbrand verglichen.

scheint ein immer größeres Verlangen nach mehr Wissen zu produzieren.
Unsere Zeit, die zweite Hälfte des 20. Jahrhunderts, erlebt eine Flut von okkultistischen Praktiken, Propheten, Neuen Religionen und Science-fiction-Literatur, und in ihrem Gefolge kommen auch die Omikuji wieder zu Ehren.
Diese Verunsicherung des Selbstbewußtseins beim modernen Menschen ist vergleichbar der psychischen Verfassung der frühen Menschen, die ihr Schicksal dem Flüstern der Geister in der Natur ablauschten. Der Omikuji-Glaube oder vielmehr -Aberglaube hat sich durch das Zeitalter des Computers schon fast bis ins 21. Jahrhundert hinübergerettet.
Mir erscheint es jedenfalls viel erfreulicher und nützlicher, über eine Zukunft nachzudenken, die allen möglichen Wechselfällen des Schicksals ausgesetzt ist, als ein schon vorherbestimmtes Schicksal erfahren zu wollen. Für viele Menschen heute bedeuten die Omikuji eher eine Art Gesellschaftsspiel, als eine ernsthafte Frage nach der eigenen Zukunft.

Ingeborg Lüscher

Japanische Glückszettel und der Beistand der Gottheiten

Zweimal war ich in diesem Land. Japan im beginnenden Winter. Japan im Frühling, Tōkyō, Kyōto, Nara, Hiroshima und Izumo. – Ich erinnere mich genau, wie es war, als ich sie das erste Mal sah, jene Glückszettel, die *Omikuji*, papierene Botschaften an die Göttinnen und Götter im Bereich der Shintō-Schreine, manchmal auch der Tempel. Zuerst wußte ich noch nicht, was sie bedeuten, nur wie ein Jubelruf: Mein-Gott-welche-Schönheit!

Von da an wird es das einzige sein, was ich auf beiden Reisen fotografiere.

Leicht und blütenweiß flattern die dünnen Papiere, die so neu scheinen wie der Tag und doch oft auch älter sind. Die wenigsten allerdings findet man krustig verklebt von Moos und Staub. Es sind wohl die Schreindiener, die dem Zuviel die Grenzen der Ordnung setzen.

Sie sind überall, die Glückszettel: zu Tausenden an Schnüre geknotet oder vereinzelt um Zweige, Blüten, Zaunpfähle, irgendeinen Nagel oder wie ein dichtes Fell in Gitter und Bambusmatten geschlungen.

Für Japaner, gleich welchen Alters, Mann oder Frau, das erfahre ich später, ist der Umgang, eine Art Korrespondenz mit einer höheren Macht, vertraut und natürlich.

Ob es nun um Liebesdinge, Juristisches, Prüfungen, Reisen, Wohnungswechsel, Arbeitsprobleme, Kinder, Krankheiten, Geld oder Glück geht, für alles gibt es Gottheiten, die sich dieser Aufgaben besonders annehmen und die zu befragen sind. Doch ebenso möglich ist es, die Gottheit des gerade nächstliegenden Schreines – und es soll knapp hunderttausend in Japan geben –, um ihre Antwort zu bitten.

Man meldet beim Priester den Wunsch nach einem Orakel, dem Omikuji an, zahlt eine geringfügige Geldsumme und bekommt eine hohe, schmale Büchse aus Holz oder Messing in die Hand gedrückt. Konzentriert auf die Frage, um deren Antwort man bittet, beginnt man sie zu schütteln und schließlich umzudrehen. Durch eine kleine Öffnung fällt ein Stäbchen fast heraus. Am unteren Ende ist eine Zahl, meist zwischen eins und zwölf, sie kann aber auch gegen hundert gehen. Und immer, ganz gleich, wo man sich in diesem Land befindet, ist der Grad des Glückes oder Unglücks an diese Zahl gebunden, nur die Worte, die Gewichtung des Themas, Form und Größe des Omikuji, die wechseln von Schrein zu Schrein.

Die Reaktionen sind so verschieden wie die Menschen. Da gibt es die giggelnd-kichernden Teenager, manchmal ganze Schulklassen, die über die Sträucher herfallen, um ihre Zeichen zu setzen, zärtliche Liebespaare, denen ein Omikuji für beide gilt, es gibt Ernste und Befreite, Bittende und Dankende.

Die Glückszettel werden von asiatischer Seite zuweilen mit unseren Horoskopen verglichen, in zweierlei Hinsicht mag eine Verwandtschaft bestehen. Für die sogenannt Aufgeklärten, die Intellektuellen, die Funktionäre im Wirtschaftsleben, fällt es schwer, zuzugeben, daß Entscheidungen zum Teil immer noch durch Omikuji überprüft oder geleitet werden. Ebenso verschwiegen würde man sich bei uns in vergleichbaren Situationen über den allerdings viel selteneren Gebrauch von Horoskopen äußern.

Beiden, Omikuji wie Horoskopen, ist der Gedanke von etwas Vorbestimmtem gemein, einer göttlich-kosmischen Ordnung, in der sich das Individuum befindet. Im Gegensatz zum Horoskop geht es jedoch im Fall eines ungünstigen Orakels nicht nur darum, sondern, in einem zweiten Schritt, um die Veränderung des Vorbestimmten.

Die Intensität und Hingabe des Wünschens zur Transformation von Schicksal endet mit der rituellen Handlung. Das weiße, bedruckte Papier wird in seiner Mitte der Länge nach gefaltet, für das menschliche Auge uneinsehbar ge-

macht, ihm wird sein Platz gefunden, dem ist nichts mehr hinzuzufügen, als sich der göttlichen Besonnenheit anzuvertrauen. Über jedem Zeitbegriff. Die Bitte ist übergeben, überantwortet und bedarf keines weiteren Drängens.
Mishima Yukios Romantetralogie *Das Meer der Fruchtbarkeit* liest sich wie ein Aufbäumen gegen das mögliche Vergessen. Wie im magischen Akt soll noch einmal der zu Wort gewordene Geist der japanischen Tradition vermerkt, vermessen und damit unsterblich werden.

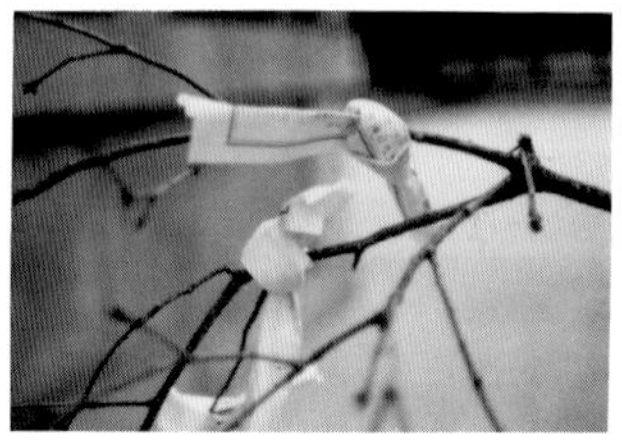

Doch in diesen über 1500 Druckseiten seines Hauptwerkes gibt es nur eine winzige Stelle, an der Mishima die Omikuji erwähnt: »Die von den Gläubigen mit Bittstreifen aus weißem Papier verzierten Zweige hingen voll winziger Kirschen unterschiedlichster Färbung, die einen noch blaß und bleich oder von den Vögeln so abgepickt, daß die Kerne zu sehen waren, andere in allen Schattierungen zwischen einem gelblichen Rosa und einem Dunkelrot wie geronnenes Blut.«
Während die Gleichgültigkeit Mishimas vielleicht nur mit der Allgemeinheit des Phänomens zu tun hat, so befindet man sich im heutigen Japan mit seiner vordergründigen Distanz zu den Omikuji in guter Gesellschaft. Das abschätzige Lächeln verbirgt aber oft nur die Scheu dazuzugehören, irgendwann, vielleicht immer wieder auch einer der Tausenden und Abertausenden gewesen zu sein, der das Orakel befragte, oder zu wissen, daß es genauso wieder geschehen wird. Die Vorhersagen sind zwar gleichzeitig poetischer und präziser als bei uns jene anderen, schnellen Prophezeiungen, doch es bleibt das Unbehagen, gebunden an eine Zahl zwischen eins und zwölf zu sein. Da schaut man auf die langsam schlendernden Menschengruppen, in der dunklen Stille der jahrhundertealten, geweihten Bäume, es gibt aber auch die jahrmarktfrohe Stimmung anderer Schreine – und von all diesen Menschen soll jeder zwölfte, nach mathematischer Gesetzmäßigkeit, mein Omikuji haben? Doch warum nicht? Warum sollten meine Träume einzigartig sein? Und gibt es nicht auch die verschiedensten Arten, mit Orakeln umzugehen? Natürlich ist da einerseits die Neigung des Menschen, alles in Beziehung setzen zu wollen. Das eigene Leben und jener kleine Text. Das kann wie ein Spiel sein. Da werden Kugeln zueinander geworfen, prallen ab oder nähern sich an. Es kann aber auch wahrgenommen werden als Möglichkeit, einen anderen Standpunkt als den gewohnten zu betreten, befreit von der sich repetierenden Verstandesstruktur. Dieses Es-könnte-ja-auch-so-sein durchzudenken, bevor einem das Schicksal das Denken vorschreibt.
Und das »Wunder«, das manchmal folgt? Das gibt es in allen Kulturen. Die Hingabe und Intensität des Wünschens erreicht einen Grad, durch den, mit welcher Hilfe auch immer, sich das Gewünschte materialisiert.
Der Filmdichter Andrej Tarkowskij sagte einmal: »Für mich liegt die einzig wirklich wichtige Aufgabe in einer Wiederherstellung eines Verantwortungsbewußtseins des Menschen gegenüber dem eigenen Schicksal.« Dazu gehört die Art des Wünschens genauso wie die Art des Annehmens.
In den Riten des Tanabata-Festes wird diese Haltung auch wieder sehr schön deutlich. Einmal im Jahr, am Tag, an dem sich die beiden Liebenden, die Sterne Vega und Altair, in der Milchstraße treffen, befestigt man farbige Papierstreifen, beschriftet mit Wünschen, in den Zweigen eines abgeschnittenen Bambusstammes. Ähnlich wie bei den Glückszetteln gleitet der Wind hindurch und trägt die Botschaft weiter. Dann am Abend werden die Bambusse zum Fluß gebracht, dem Wasser und seiner Bewegung übergeben, in die Obhut der Gottheiten. Der Wunsch soll nun vergessen werden, damit er leicht und ohne Erdenschwere seinen Weg finden kann.

Die Bitte wird nie in der grammatikalischen Zukunftsform geschrieben, sondern immer in der Gegenwart. Es geschieht. –
In unserer Kultur mag ein Begriff wie jener der Dreieinigkeit oder bestimmte Vorstellungen von Jungfräulichkeit und Leiden manchem den Weg in eine spirituelle Alltäglichkeit erschweren.
Ganz anders ist es mit den Shintō-Gottheiten. Ihre sinnliche Präsenz ist direkt, auch im Alltag spürbar. So wie das Götterpaar Izanaghi und Izanami ihre Kinder, weitere Naturgottheiten, im sexuellen Zusammensein zeugten, und damit dieses Grundgefühl für die Segnungen der Fruchtbarkeit übertrugen, so empfinden alle Gottheiten die Menschen als ihre Kinder, und es liegt ihnen daran, daß sie in den spürbaren und sichtbaren Genuß ihrer Fürsorge geraten. Von daher ist es genauso verständlich, daß für die Götter und Ahnen ein Bereich des Wohnraumes in jeder Familie vorgesehen ist, Bedürfnis und Ausleben von Nähe zu einer schützenden Macht, wie es sich in anderer Form in dem vertrauten Umgang mit Omikuji zeigt.
Es gibt einen Ritus für einen besonderen Tag des Jahres, bei dem jede Person so viele *Mame*, eine Art Bohne, als sie Jahre zählt, aus dem Fenster wirft, als Sinnbild für Böses, das herausfliegen soll, um wieder Platz für die guten, die helfenden Geister und Götter zu schaffen. Zur Handlung wird dabei eine Formel gesprochen, die in Worten das Heraus und Herein von Bösen und Guten unterstützt.
Der wichtigste Ritus im Leben eines Tennō, um glückbringenden Beistand für ihn und damit für sein ganzes Land, ist das *Große Festmahl*, *Daijōsai*, im Ise-Schrein.
Nach rituellen Waschungen, Einkleidungen und Gastmahlen erreicht die Zeremonie ihren Höhepunkt bei der symbolischen Vereinigung des neuen Tennō mit den Göttinnen und Geistern seiner Ahninnen in einer Art Ehebett. Die Vermählung ermöglicht die Wiedergeburt des vorher verstorbenen Tennō in jenem neuen, der nun die Regierung ausübt.
Der Shintōismus ist für uns eher aus seinen Riten als aus Schriften erfahrbar. Es gibt keine »zehn Gebote«, es gibt keine »Evangelien«, vieles ist vom Buddhismus übernommen. Man findet Festgefügtes und Variables.
Immer bewußter ist das Annehmen, daß es kein Entweder-Oder gibt, sondern alles gleichzeitig möglich ist.
So ist es auch mit den Omikuji. Ein lächerliches Nichts und gleichzeitig ein berührend Großes ...
Daß ich von Izumo erfuhr, war der Grund für meine zweite Reise. Dort ist der Hauptschrein für die Liebenden, genauer gesagt, hauptsächlich für jene Unzähligen, die, vorläufig noch allein, sich einen Liebespartner wünschen. Die Anzahl der Omikuji ist so gewaltig, daß davon die Rinde der Bäume entlang dem Schrein weiß scheint.
Izumo liegt hochoben im Nordwesten der Insel. Von Ōsaka eine Tagesreise mit dem superschnellen Shinkansen.
An meinem Ankunftstag war der Himmel verhangen und unheimlich die Stille und Dunkelheit des schwarzbraunen Schreines. Es gab tatsächlich die Reihe der mit Omikuji bedeckten Baumstämme, doch die oft so fröhlich flatternden Orakel-Briefe hingen schwer im Wind- und Lichtschatten der gewaltigen Nadelbäume, deren Kuppeln, so dicht, wie sie bei uns nur die größten Buchen und Kastanien haben, alles in ein düsteres, bedrohliches Grün-Grau-Braun tauchten. Wie sehr verstand ich jetzt, daß Liebespaare oft getrennt den Schreinbereich betreten, auf daß der Gott, der sie eigentlich schützen sollte, ihnen nicht das Lieben neide ...
Die Zahl der Omikuji ist die Abfolge von Unglück zu Glück, bis sogar zu *Großem Glück*. Doch kein Japaner, der das Orakel befragt, wünscht es sich, denn er weiß um die Tiefe des Sturzes und die Unbeständigkeit des *Großen Glückes*.